实用汉语阅读课本

# 中国那些事儿

李朝辉 编著 BY LI ZHAOHUI

# Life in Contemporary China: A Practical Reader

华语教学出版社
SINOLINGUA

First Edition 2009
Second Printing 2013

ISBN 978-7-80200-631-7

Published by Sinolingua Co., Ltd
24 Baiwanzhuang Road, Beijing 100037, China
Tel: (86)10-68320585, 68997826
Fax: (86)10-68997826, 68326333
http://www.sinolingua.com.cn
E-mail: hyjx@sinolingua.com.cn
Facebook: www.facebook.com/sinolingua
Printed by Jinghua Hucais Printing Co., Ltd

*Printed in the People's Republic of China*

# 致读者

《中国那些事儿》是面向初级水平的汉语学习者而编写的教材，既适用于各类中文班的阅读教学，也适用于外国人自学使用和课外阅读。

课文包括“阅读中国”、“留学记事”、“轻松阅读”和“实用阅读”四部分。“阅读中国”是中国社会文化国情的介绍，多方位、多角度展现传统与时尚并存的当代中国的魅力，题材广泛、引人入胜。“留学记事”记录了外国人对中国的感受和体验，读来亲切、自然，或令人耳目一新；或使人产生共鸣。“轻松阅读”既有因语言、文化理解不同而引发的笑话，也有风趣、幽默的漫画，轻松有趣、寓教于乐。“实用阅读”的内容来源于生活又能运用于生活，真正做到学以致用。

练习的设计针对性强，环环相扣，并且给使用者留有充分的创作空间。如“说一说”、“写一写”等环节，学习者可以在课文的启发下，根据感受和经历，记录下自己的所思所想。“写一写”的内容，建议先在本子上书写，经修改后，再誊写在书上。一本书学下来，你会发现，在参与互动的过程中，自己的汉语水平提高了，更重要的是，你对自己、对中国的了解又进了一步。

作为新型的汉语教材，本书的特色十分突出：1.融实用性、趣味性、知识性为一体。内容生动、诙谐；形式清新、活泼。2.从使用者的角度设计编写，真正实践了满足使用者需求的编写理念。3.使学习者轻松提高汉语水平，真实感受中国魅力，充分享受学习汉语的乐趣。4.融入文化元素，拓宽读者的视野，帮助学生减少文化误读；突出汉语特色，使学生能够在了解知识的同时，自然而然地习得地道、得体的汉语。

此外，本书配有MP3，便于使用者利用零散的时间学习和复习。

本书在出版过程中得到华语教学出版社陆瑜编辑的大力协助，在此，谨致谢忱。

最后，衷心欢迎越来越多的人走入汉语的世界！

祝各位学习汉语的朋友学业进步！一切如意！

李朝辉
2009年6月3日

# TO THE STUDENT

*Life in Contemporary China: A Practical Reader* is designed especially for beginners of Chinese. It can act as either a reading textbook for Chinese classes, material for self-study or as an after school reader.

Each lesson consists of four parts: Reading China, My China Story, Reading for Fun, and Everyday Chinese. Reading China aims to mainly introduce Chinese society and culture. Through multiple styles and methods, it demonstrates the charm of contemporary China with its traditions and fashions, aiming to attract the readers with its wide diversity. My China Story consists of articles by overseas students written about their feelings and experiences in China. The stories are fresh and natural. Reading for fun is composed of cross-cultural jokes and funny cartoons. Everyday Chinese aims to give the students as much practice outside the classroom as possible.

The exercises are designed to give guided reading practice, and advice on how to carry out many functions. Coming to the sections 说一说 and 写一写, students can try to talk, and write, about what they feel and think about the reading text. Regarding to the section 写一写, students may write first on a separate piece paper and then copy their work into the book after corrections.

After finishing the whole book students will find that their Chinese has greatly improved, and furthermore, that they know more about China.

As a textbook, it has the following outstanding features: 1. It provides various ways to practice Chinese using fun content and lively information; 2. Being so user-friendly, it can easily satisfy the needs of students; 3. Students can easily improve their reading skills, whilst enjoying the charm of China and experiencing the fun of the Chinese language; 4. With added cultural elements, it can broaden the cross cultural perspectives of students, and help decease the cultural misunderstandings. By following the lessons in this book, students will eventually be able to achieve a natural level of comfort with the language.

In addition to the text, there is also an attached MP3, so students can listen and review lessons in their spare time.

I would like to thank the editor from Sinolingua, Ms. Lu Yu, who gave me so much support throughout the publishing process.

I also earnestly hope more people will come to the world of Chinese study!

May all students of Chinese make great progress and have the best of luck in their studies!

**Li Zhaohui**
**June 3, 2009**

# 目　录

# Contents

# 01

## 阅读中国
Reading China

想一想

- 中国有多少个民族？人口总数达到多少？
- 首都北京是一个什么样的城市？
- 中国的气候特点是什么？

读一读

### 走近中国

中国位于亚洲东部，面积约960万平方公里，从南到北，从东到西，距离都在5 000公里以上，跟欧洲差不多大。首都北京是全国政治、经济和科学文化的中心，也是历史文化名城，有很多名胜古迹。这里四季分明，春秋两季更是旅游的好季节。

中国是世界上人口最多的国家，2008年人口总数已达到13.2亿，约占世界人口总数的21%。男性人口比女性人口多3 700万。中国也是多民族国家，其中汉族人口最多，其他55个民族人口较少，习惯上被称为“少数民族”。

中国国土面积广大，所以气候复杂多样。冬

季，南北气温相差很大，一月平均气温，广州和哈尔滨相差35℃左右。夏季和春季，大部分地区气候温和。

## 生词

1. 位于 wèi yú
   be located; be situated; lie
2. 亚洲 Yàzhōu
   Asia
3. 距离 jùlí
   distance
4. 欧洲 Ōuzhōu
   Europe
5. 四季分明 sìjì fēnmíng
   distinctive seasons
6. 亿 yì
   hundred million
7. 占 zhàn
   account for
8. 民族 mínzú
   nationality; ethnic group
9. 称 chēng
   call
10. 复杂 fùzá
    complicated; complex
11. 相差 xiāngchà
    differ
12. 温和 wēnhé
    temperate; mild; moderate

## 练一练

一、根据文章内容选择正确答案：
Choose the correct answer according to the passage.

1. 中国（　　　）。
   A. 面积很大　　B. 东西很长，南北很短　　C. 比欧洲还大
   D. 首都是一个历史文化名城，但经济不太发达

2. 北京最好的旅游季节是（　　　）。
   A. 春天　　B. 四季　　C. 秋天　　D. A和C

3. 中国人口很多，（　　　）。

A. 女人比男人多　　B. 约占世界人口的五分之一
C. 少数民族人口也不少　　D. 民族也多，共有55个民族

4. 关于中国气候正确的说法是（　　　）。
A. 中国气候变化不大　　B. 气候复杂多样，一年四季南北气温相差很大
C. 哈尔滨冬天很冷　　D. 大部分地区气候温和

## 二、词语搭配：
Word collocation.

位于________　　________复杂　　距离________　　相差________

面积________　　气候________　　________中心　　四季________

## 三、填写并朗读下列句子：
Fill in the blanks and read aloud the following sentences.

1. 中国位于________________。

2. 中国的面积大约是____________________________，跟________差不多大。

3. 首都北京是________________________________________________中心，也是历史文化名城，有很多________________。

4. 中国人口总数已经达到____________，占世界人口总数的________________。

5. 在中国，男性人口比女性人口________________。

6. 中国有______个民族，除________外，其他55个民族被称为________________。

7. 中国气候________________。冬季南北气温________________，夏季和春季大部分地区________________。

## 四、讲述：介绍中国。（尽量选用下列词语）
Narrate: (Using as many of the following words and expressions as possible)

位于　面积　跟……差不多　首都　名胜古迹　人口　占　比　民族　习惯上
气候　冬季　秋季

**说一说** 谈谈你所了解的中国。

## 留学记事 My China Story

### 读一读

在学校、在公园、在汽车上，老有那么一些人围着我问这问那，向我打听中国的情况。其实我知识并不丰富，只是曾经(céngjīng)到过中国……

前年，爸爸去中国教书，我也去了。啊，中国真美啊！名胜也很多，北海公园、长城、香山、十三陵(líng)……数也数不清。不过，给我印象最深的，还是善良(shànliáng)的中国人。

到中国的第一天，在飞机场，我看到了许许多多从来没有见过的人——中国人。黄黄的皮肤(pífū)、黑黑的头发和眼睛，个子不太高。“他们就是中国人吗？怎么长得跟我们一点儿也不一样？”我问身旁的爸爸。“对，孩子。他们就是中国人，占世界人口五分之一的中国人。”是的，中国人太多了，王府井大街比伦敦的闹市热闹多了。

（英国　迈克）

## 练一练

**根据文章内容判断正误：**

Decide whether the statements below are true or false according to the text.

(　　) 1.因为我知识丰富，所以很多人向我打听中国的情况。

(　　) 2.我喜欢中国的名胜，更喜欢善良的中国人。

(　　) 3.中国人和英国人长得一点儿也不一样。

(　　) 4.世界上有五分之一的人是中国人。

## 写一写

**中国印象。**

Easy Moment

## 轻松阅读 Reading for Fun

# 都漂亮

一位外国朋友不知道中国人常说的"哪里哪里"是表示谦虚(qiānxū)的意思。一次他参加一对中国年轻人的婚礼(hūnlǐ)时，很有礼貌(mào)地称赞(chēngzàn)新娘非常漂亮。旁边的新郎替(tì)新娘说了声："哪里哪里！"没想到这位外国朋友却吓了一大跳！心想：为什么还要举例说明哪里漂亮？于是他就用不太流利的中国话说："头发、眼睛、耳朵、鼻子、嘴都漂亮！"

**关键词：**哪里哪里

答一答

1. 外国朋友为什么闹笑话了？
2. 举例说明"哪里哪里"的两个不同的意思。

## 实用阅读
Everyday Chinese

**下面是中国地图**

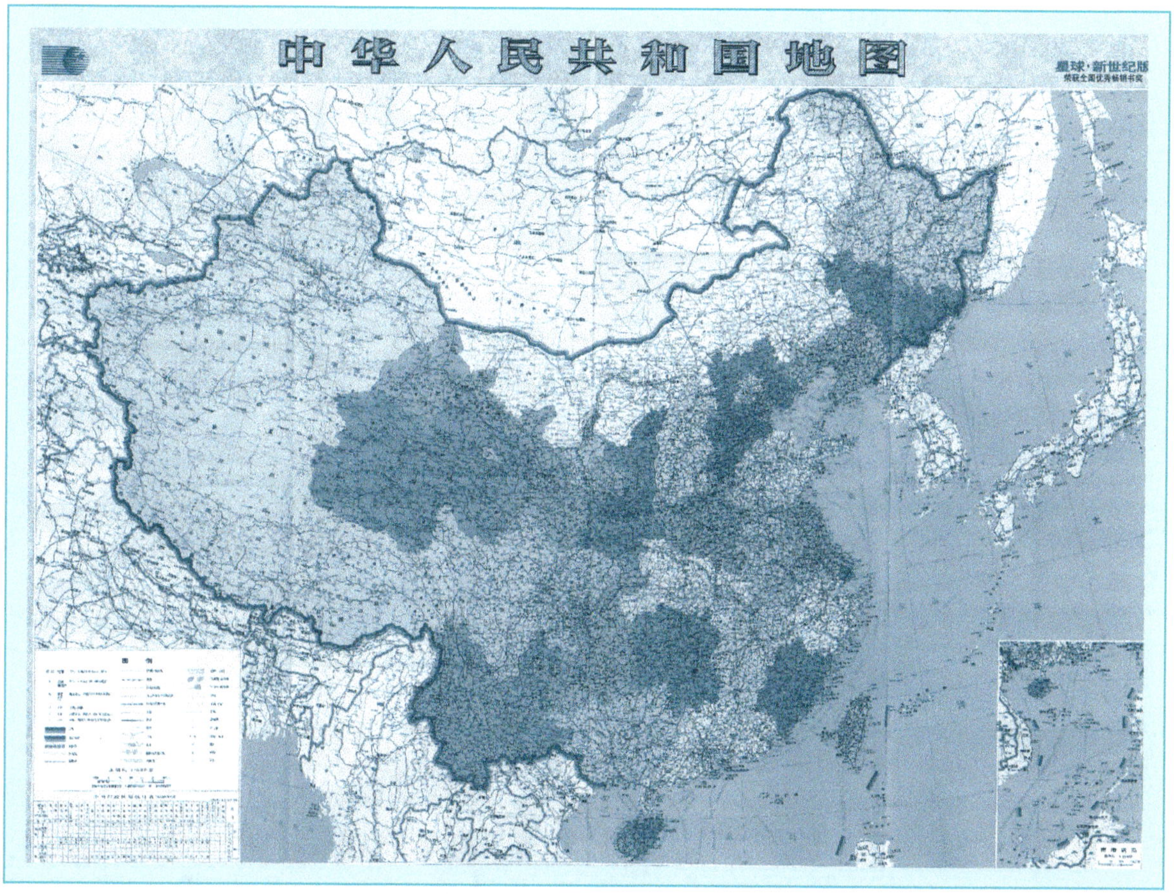


### 试一试

了解中国主要城市的位置。

### 学一学

万事开头难。
Everything is hard in the beginning.

# 02

## 阅读中国 Reading China

**想一想**

- 汉语和汉字都有什么特点？

**读一读**

### 汉语·汉字

中国是多语言的国家。汉语是汉民族的共同语，也是世界上使用人数最多的语言。根据2005年的调查，新的世界十大语言分别是：1.英语；2.汉语；3.德语；4.法语；5.俄(é)语；6.西班牙(yá)语；7.日语；8.阿拉伯(Ālābó)语；9.韩语（朝鲜(Cháoxiǎn)语）；10.葡萄牙(Pútáoyá)语。

方块汉字是记录汉语的文字，也是世界上最古老的文字之一。汉字总共有多少字？可能没有人说得出准确的数字。1994年，《中华字海》里共收85 000个字，不过人们常用的汉字只有3 500个左右。除中国以外，过去使用过或现在仍然在使用汉字的国家有越南、日本、朝鲜、韩国。这样，从东北亚到东南亚，历史上形成了一个汉字文化圈(quān)。

汉字里有很多形声字，有时根据一个汉字的形旁，差不多能猜出这个字的意思。我们在阅读时，如果看到"木"字旁、"鸟"字旁、"草"字头的字，就可以知道这些字表示的大概和树、鸟、草有关系。

## 生词

1. 根据 gēnjù
   basis; grounds; foundation
2. 调查 diàochá
   investigate; inquire; look into; survey
3. 记录 jìlù
   take notes; record
4. 古老 gǔlǎo
   ancient; old-aged
5. 准确 zhǔnquè
   accurate; precise
6. 仍然 réngrán
   still; as before; once again
7. 形旁 xíngpáng
   the descriptive element
8. 猜 cāi
   guess; conjecture
9. 大概 dàgài
   general; rough

## 练一练

一、根据文章内容选择正确答案：
Choose the correct answer according to the passage.

1. 关于汉语，下面哪种说法正确？（　　　）
   A. 中国人只说汉语　　　　B. 世界上使用汉语的人没有使用英语的人多

C.根据2005年的调查，汉语比俄语影响大　　D.只有汉族使用汉语

2.汉字（　　）。
A.共有85 000个字　　B.是方块字
C.数量很多，常用汉字的数量也很多
D.在历史上形成了一个汉字文化圈，除了亚洲的一些国家，还有一部分国家使用汉字

3.“土”字旁可能表示（　　）。
A.和树有关　　B.和山有关　　C.和土地有关　　D.和草有关

## 二、词语搭配：
Word collocation.

根据________　　记录________　　古老的________　　________准确

## 三、填写并朗读下列句子：
Fill in the blanks and read aloud the following sentences.

1.中国是________________国家。汉语是世界上________________________的语言。

2.方块汉字是世界上________________________之一，没有人能准确说出汉字有多少个字，________________________只有3 500个左右。

3.除中国外，还有一些国家使用汉字，历史上形成了一个________________。

4.根据________________，差不多能猜出汉字的意思。

## 四、讲述：汉字的特点。（尽量选用下列词语）
Narrate: (Using as many of the following words and expressions as possible)

方块　古老　常用　仍然　汉字文化圈　形旁　猜出　字旁

说一说

1. 你为什么学习汉语?
2. 你是怎么学汉字的?

## 留学记事
My China Story

读一读

对日本人来说，在汉语学习方面，读写比较容易，但会话很难。我们班一共15个人，6个日本人，4个韩国人，5个美国人。日本人能写汉字，读写不错，不过会话比较弱；韩国像我这个岁数（60岁左右）的人还知道一些汉字，现在的年轻人也不太擅(shàncháng)长汉字；至于美国人常被汉字弄得很累。

可是美国人上课时发言非常积极(jījí)，即使完全不对，他们也不怕回答错了。我很羡慕(xiànmù)他们不怕出错的精神(jīngshén)。他们似乎进步很快。日本人一般不被老师点到名字就不主动回答。他们在担心说错会被人笑话的心理作用下，只是在脑子里想着答案。

（日本 田中）

## 练一练

**根据文章内容判断正误：**

Decide whether the statements below are true or false according to the text.

(　　) 1. 日本人比较擅长会话。

(　　) 2. 汉字对美国人来说很难。

(　　) 3. 日本人很害怕回答问题出错。

(　　) 4. 所有的韩国人都不擅长汉字。

(　　) 5. 美国人因为不怕出错，所以进步很快。

(　　) 6. 上课时，美国人主动回答问题，日本人发言不积极。

## 写一写

**我学汉语。**

Easy Moment

## 轻松阅读
Reading for Fun

**一句话感想：**
Put your reflections here.

## 实用阅读
Everyday Chinese

**下面列出了一些学习汉语时可能用到的工具书。**

### 试一试

选择需要的工具书。

### 学一学

有志(zhì)者事竟(jìng)成
Where there's a will, there's a way.

# 03

## 阅读中国 Reading China

**想一想**

- 你知道中国人的哪些生活习惯？
- 你有什么特别的习惯？

**读一读**

### 2005年中国人生活习惯和态度调查

2005年10月一家公司进行了一个“生活习惯和态度的调查”，从调查结果可以看出普通中国人的日常生活习惯和态度。

在业余生活方面，38.97%的人回答“看电视”，30.28%的人回答“看书”。对于“爱吃中餐还是西餐”的问题，66.62%的人表示爱吃中餐，28.97%的人中餐西餐都爱吃。

从55.41%的人选择“会和家人一起去公园”与92.12%的人选择“会和家人谈心”可以看出，中国人比较重视家庭和亲情。对于“你会借钱给朋友吗”这个问题，91.59%的人表示愿意，说明中国人认为朋友很重要。

在工作方面，有一半以上的人对现在的工作感觉“一般”。而且，大部分的人会为自己以后的发展做好计划，而不是没有目的地生活。此外，调查还说明中国人平时爱看新闻，除了自己的事情以外，也非常关心国家大事。

## 生词

1. 态度 tàidu
   attitude; approach
2. 普通 pǔtōng
   ordinary; common
3. 业余 yèyú
   spare time; afterhours; amateur
4. 选择 xuǎnzé
   select; choose
5. 谈心 tánxīn
   talk heart to heart
6. 重视 zhòngshì
   lay stress on; attach importance to
7. 亲情 qīnqíng
   family love
8. 感觉 gǎnjué
   feel; perceive; think
9. 计划 jìhuà
   plan

## 练一练

一、根据文章内容选择正确答案：
Choose the correct answer according to the passage.

1. 从文章中可以看出（　　　）。
   A. 爱看书的中国人比爱看电视的中国人多　B. 中国人中餐西餐都爱吃

C.业余时间，中国人除了看电视，就是看书　D.大部分中国人爱吃中餐

2.对于亲情和友情说法正确的是（　　　）。
A.中国人只重视亲情　　B.中国人既重视亲情也重视友情
C.一半的中国人愿意和家人谈心
D.大部分中国人认为朋友重要，但不愿意借钱给朋友

3.选择与文章内容不一致的说法：（　　　）
A.大部分中国人对现在的工作比较满意
B.大部分的中国人都是有目的地生活
C.中国人经常看新闻　　D.中国人很关心国家大事

## 二、词语搭配：
Word collocation.

进行________　________习惯　选择________　重视________

比较________　感觉________　________计划　关心________

## 三、填写并朗读下列句子：
Fill in the blanks and read aloud the following sentences.

1.业余时间，有的人喜欢____________，有的人喜欢________。

2.大部分中国人爱吃________，还有一部分中国人，________________都爱吃。

3.中国人比较重视家庭和亲情。大部分人会____________________________

________________________，一半左右的人会________________________。

4.大部分中国人会为以后的发展________________，而不是没有目的地生活。

5.中国人除了自己的事情外，还______________________________。

## 四、讲述：中国人的生活习惯。（尽量选用下列词语）
Narrate: (Using as many of the following words and expressions as possible)

业余　重视　亲情　说明　计划　除了……以外

说一说 中国人的习惯。

## 留学记事 My China Story

读一读

韩国人和日本人不同的是，日本人喜欢AA制(zhì)，而韩国人更愿意请客。这次我请，下次他请；或者我付饭钱，去卡拉OK或酒吧就由别人买单，大家轮(lún)着来。日本人的AA制有时会计算到毛，让人觉得没有感情，有点儿冷漠(lěngmò)。

（韩国 小金）

我跟中国男孩一起出去的时候，饭费、交通费都是他付。我跟他说我也要付钱，咱们AA制吧，可是他不愿意。因为中国男人非常爱面子，所以不能让女人付钱。中国人这么爱面子让我觉得很新鲜。

（日本 铃木）

在中国，有些商店卖的衣服相当贵。奇怪(qíguài)的是，虽然很贵，却有很多人买。我觉得那些人看起来不像很有钱的样子。我不明白为什么一些中国人喜欢买很贵的东西，不只是衣服，其他商品也一样。这和"面子"有关吗？

（法国　苏珊）

## 练一练

**根据文章内容判断正误：**

Decide whether the statements below are true or false according to the text.

(　　) 1. 日本人和朋友一起吃饭时，一般自己付自己的钱。

(　　) 2. 韩国人既喜欢AA制，也愿意请客。

(　　) 3. 中国男人不让女人付钱，是因为中国男人不喜欢AA制。

(　　) 4. 在中国，买很贵衣服的人都是有钱人。

## 写一写

不同的文化、不同的习惯。

Easy Moment

## 轻松阅读 Reading for Fun

### 魏什么

一个德国人和一个中国人结婚了，生活在中国。这个德国人的中文名字叫魏(wèi)特生。一天，他在路上遇见一位老人，两人交谈(jiāotán)起来。

老人："您贵姓？"

魏特生："我姓魏。"

老人："魏什么？"

魏特生："为什么？姓魏也要问为什么吗？"

**关键词：** 魏什么　为什么

**答一答** "魏什么"和"为什么"有什么共同点？

## 实用阅读
Everyday Chinese

**注释：**

有时同一种商品在不同的商店里，价格不太一样。经常看超市的商品广告，你可以买到一些比较便宜的东西。看懂广告也是一门学问。广告里常常出现的“大甩卖”、“清仓处理”、“大减价”、“惊爆价”、“时令价”、“特惠”等词语，它们的意思差不多是“sale”；“free after rebate”；“instant rebate”。

**实用词语：**

大甩卖 dà shuǎimài
discount sale

清仓处理 qīng cāng chǔlǐ
inventory check

大减价 dà jiǎnjià
grand sale

惊爆价 jīngbàojià
appealing price

时令价 shílìngjià
seasonal price

特惠 tèhuì
best price

### 用一用

根据商品广告选择需要购买的物品。

### 学一学

一寸光阴(guāngyīn)一寸金
Money can’t buy time.

# 04

阅读中国 Reading China

## 想一想

- 谁建立了中国历史上第一个统一的国家？
- 新中国是从什么时候开始的？
- 中国的四大发明是什么？
- 谁的思想对中国文化有很大的影响？

## 读一读

### 文明古国

中国有很长的历史。公元前221年，秦始皇(Qín Shǐhuáng)建立了中国历史上第一个统一的多民族国家——秦。这以后，中国经历了十几个朝代(cháodài)。1949年，中华人民共和国成立了，这是新中国的开始。从此，每年的10月1日被定为国庆日。

中国古代的经济文化比较发达，而且和许多国家，如日本、朝鲜、印度、阿拉伯等国都有经济文化往来。造纸术(zàozhǐ shù)、印刷(yìnshuā)术、火药和指(zhǐ)南针(zhēn)这"四大发明"，对人类贡献很大。著名思想家老子、孔子等人的思想对中国传统文化和中国人的思维(wéi)方式都有很大影响。即使在现代社会，这些影响也没有消失。孔子等人的思想，对世界文化，特别是日本、韩国产生了不小的影响。

中国文化丰富多彩，越来越多的人开始对中国产生兴趣，越来越多的人希望了解中国。

## 生词

1. 建立 jiànlì
establish; set up
2. 统一 tǒngyī
unify; unite; integrate
3. 经历 jīnglì
undergo; experience
4. 定 dìng
decide; fix; set
5. 文化 wénhuà
culture
6. 发达 fādá
flourishing
7. 往来 wǎnglái
contact; dealings
8. 贡献 gòngxiàn
contribute; dedicate; devote
9. 思想 sīxiǎng
thought; thinking; ideology
10. 传统 chuántǒng
tradition; convention
11. 方式 fāngshì
way; fashion; pattern
12. 消失 xiāoshī
disappear; vanish; dissolve
13. 丰富多彩 fēngfù duōcǎi
rich and colorful
14. 兴趣 xìngqù
interest

## 练一练

### 一、根据文章内容选择正确答案：
Choose the correct answer according to the passage.

1.中国历史很长，(　　　)。
A.秦始皇统一了中国　　　B.秦不是一个多民族国家
C.所以越来越多的人想学习中国历史
D.秦以后，中国经历了十几个朝代，2 500多年

2.下面哪种说法不对？(　　　)
A.新中国是从1949年开始的　　B.中国的国庆日是每年的10月1日
C.中国古代经济文化发达，和所有国家都有经济文化往来
D.四大发明对人类影响很大

3.孔子的思想(　　　)。
A.只对中国人有影响　　　B.在现代社会已经消失了
C.对世界影响不大　　　D.影响了中国人的思想方式

### 二、词语搭配：
Word collocation.

统一的________　　________经历　　________发达　　传统________

________丰富多彩　　________方式　　________贡献　　建立________

### 三、填写并朗读下列句子：
Fill in the blanks and read aloud the following sentences.

1.中国历史________，公元前221年，____________统一了中国。

2.____________中华人民共和国成立，这是____________的开始，每年的10月1日是____________。

3.中国古代经济文化________________，而且和许多国家都有____________________________。

4. 中国的四大发明是＿＿＿＿＿＿＿＿＿＿＿＿＿＿＿＿＿＿＿＿＿＿＿＿＿＿＿。

5. 孔子等人的思想不仅对＿＿＿＿＿＿＿＿＿＿＿＿＿＿＿＿＿＿＿＿＿＿＿＿＿＿＿

＿＿＿＿＿＿＿＿＿＿＿＿影响很大，而且＿＿＿＿＿＿＿＿＿＿＿＿＿＿＿＿

＿＿＿＿＿＿＿＿也产生了不小的影响。

6. ＿＿＿＿＿＿＿＿＿＿＿＿＿＿＿＿＿＿＿＿＿＿＿＿＿，越来越多的人想了解中国。

四、讲述：文明古国——中国。（尽量选用下列词语）

Narrate: (Using as many of the following words and expressions as possible)

历史　建立　统一　经历　成立　发达　往来　四大发明　孔子　思想　影响

**说一说** 介绍你们国家历史上的一个重要人物或事件。

## 留学记事 My China Story

**读一读**

在泰国，学汉语的人越来越多。有的地方从小学就开始上汉语课。周末，有些父母带孩子上辅导班，除了学英语、数学以外，还上汉语课。放假的时候，很多父母让孩子来中国学习汉语。这是因为中国越来越强大，汉语也跟英语一样，很快会成为国际语言。如果中国经济不断发展，对汉语有兴趣的人会更多。

（泰国　小美）

现在，中国制造（zhìzào）的商品很多。我的东西也有很多是中国制造的。比如说：衣服、包、家电用品、文具等等。在日本到处都是中国制造的商品。另外，日本的餐厅、酒馆、快餐店也卖中国制造的食品，这些大部分是冷冻（lěngdòng）食品。听说，有一个美国人做过一个实验（shíyàn），试一试如果没有中国制造的产品，人们的生活会怎样。结果是没有中国制造的产品的话，很多人的生活会变得很不方便。

（日本　森田）

## 练一练

**根据文章内容判断正误：**

Decide whether the statements below are true or false according to the text.

(　　) 1. 泰国人从小学习汉语，小学就开始上汉语课。

(　　) 2. 泰国人学习汉语是因为中国越来越大。

(　　) 3. 放假的时候，很多泰国孩子来中国学习汉语。

(　　) 4. 日本到处都有中国制造的产品。

(　　) 5. 没有中国制造的产品的话，人们的生活不会改变。

## 写一写

**中国的影响。**

Easy Moment

## 轻松阅读
Reading for Fun

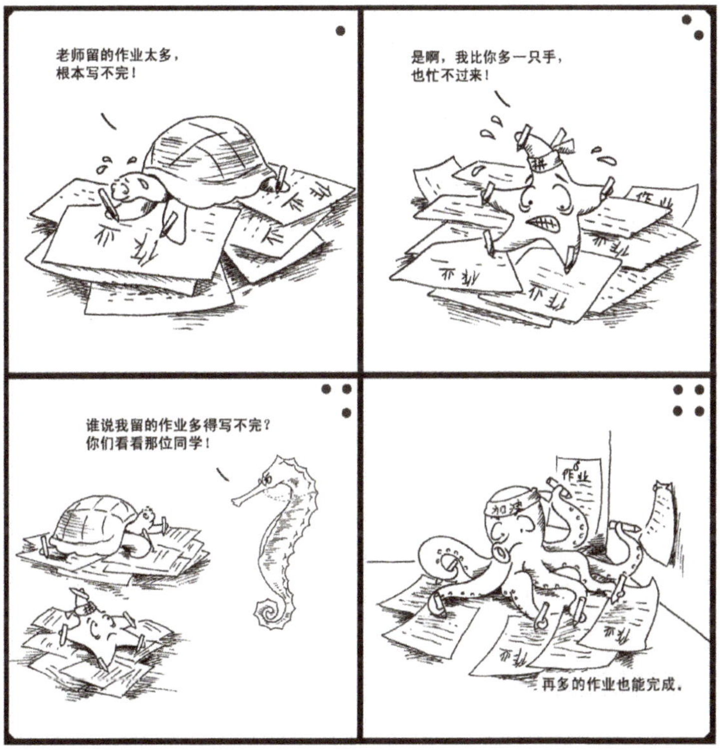


一句话感想：
Put your reflections here.

## 实用阅读
Everyday Chinese

**银行开户单。**

中国银行 BANK OF CHINA

个人账户开户及综合服务申请表

中国银行网址：www.boc.cn　　手机银行登录网址：wap.boc.cn　　24小时客服热线：95566

**客 户 信 息**

*姓名____ *汉语拼音姓名____（姓）____（名） *手机号码____ 家庭电话____

*证件类型 □居民身份证 □护照 □其它____ *证件号码____ *发证机关____

*地址类型 □家庭地址 □单位地址 *地址____（国家）____（省/自治区/直辖市）____（市/区/县）____

____（街道/小区/单位/门牌号） *邮编____ *职业____ *月收入____

**以下服务申请中手机号码/地址均默认为本栏所填，如另有需求，请于下表相应栏位填写。**

*代理人姓名____ *电话____ *证件类型____ *证件号码____

*地址____ **注明*的栏位为必填项。请客户（代理人）携带有效身份证件前往柜台办理业务。**

**借记卡、储蓄产品**

□长城电子借记卡　□中银理财贵宾卡　□财富管理贵宾卡　□其它____　□开立附属卡

开立借记卡对账簿：□活期类交易对账簿　□定期类交易对账簿　□开通借记卡银联无卡支付：无卡支付每日累计限额____元

借记卡ATM每日转账累计限额____元（0–5万元，默认5万元）　借记卡境外POS消费每日累计限额____元

**借记卡交易限额如填写“0”则表示关闭此项服务，如未填写则为银行默认值。**

□活期一本通　□定期一本通　□整存整取　□通知存款（1天/7天/★7天约定转存）　□普通活期　□定活两便　□教育储蓄　□零存整取

□凭证式国债　□存本取息　□其它____　币别____　金额____　存期____

转存方式：自动转存 □是 □否　支取方式：□凭密码支取 □其它____　利息支取方式：□转入其它账户 账号____

**已有卡号/账号**____ **（存量客户请填写）**

**增 加 关 联　账号1**____ **账号2**____

第一联 银行留存

**电子银行服务**

| 网上银行 | □开通 | □ 查询版<br>□ 理财版 | 认证工具选择 |
|---|---|---|---|

## 试一试

在银行开户存钱。

## 学一学

千里之行，始于足下。

A thousand-*li* journey begins wirh the first step.

# 05

阅读中国
Reading China

想一想

- 中国传统家庭和现代家庭有哪些不同？
- 你们国家的家庭有什么特点？

读一读

## 中国家庭

中国人非常重视家庭，在中国传统习俗中，上有父母、祖父母，下有儿女、孙子，这样的大家庭，是人们生活的理想。在传统大家庭里，家长决定家里的事情，孩子一般不能做决定。父母把子女养大，等到晚年的时候，就由子女来照顾。

20世纪以来，特别是1949年以后，中国人家庭发生了很大的变化。在城市，大家庭越来越少了，多数家庭由夫妻两个人和子女组成。旧中国女子结婚后要随丈夫的姓，现在，妇女婚后不用改姓。并且，对于家里的事情，已经从丈夫做主变为夫妻双方共同商量决定。以前，中国人有重男轻女的思想。现在，妇女的地位提高了。

中国人一直有尊老爱幼的传统，也很重视亲情。在现代社会，虽然许多家庭儿女婚后不和父母住在一起，但他们常常互相关照，兄弟姐妹之间也经常来往。在中国，人们总能感到亲情的温暖。

## 生词

1. 习俗 xísú
   custom; convention
2. 理想 lǐxiǎng
   ideal
3. 家长 jiāzhǎng
   head of a family; patriarch or matriarch
4. 养 yǎng
   support; provide for
5. 由 yóu
   by; through
6. 夫妻 fūqī
   husband and wife
7. 组成 zǔchéng
   form; make up; compose; consist
8. 做主 zuòzhǔ
   decide; take the responsibility for a decision
9. 共同 gòngtóng
   common
10. 重男轻女 zhòngnán-qīngnǚ
    regarding men as superior to women
11. 尊老爱幼 zūnlǎo-àiyòu
    respect the old, love the young

## 练一练

一、根据文章内容选择正确答案：
Choose the correct answer according to the passage.

1. 传统大家庭（　　　　）。
   A. 一直是中国人的理想　　　　B. 父母养大子女后，由子女照顾父母

C.孩子决定自己的事　　　　　　D.越来越多

2.新中国以后，(　　　)。
A.中国人家庭发生了一些变化，但变化不大
B.妇女结婚以后要随丈夫的姓
C.家里的事由丈夫做主
D.城市里的传统大家庭越来越少了

3.下面哪一个不是中国人的传统思想？(　　　)
A.尊老爱幼　　B.重男轻女　　C.重视亲情　　D.男女平等

二、词语搭配：
Word collocation.

理想的________　　组成________　　共同________　　________提高

重男________　　________爱幼

三、填写并朗读下列句子：
Fill in the blanks and read aloud the following sentences.

1.在传统习俗中，____________是中国人生活的理想。

2.传统的家庭，家里的事情____________________，父母晚年的时候________

________________。

3.新中国成立后，城市里的大家庭越来越少，多数家庭__________________

______________________。并且，对于家里的事，夫妻______________

________________。

4.中国人既有________________的思想，也有__________________的传统。

虽然家里人不住在一起，但是大家常常________________，人们总能感

到____________________。

四、讲述：中国家庭。（尽量选用下列词语）
Narrate: (Using as many of the following words and expressions as possible)

重视　传统　大家庭　理想　家长　子女　变化　改姓　重男轻女　尊老爱幼　亲情　关照

说一说　介绍一下你们国家家庭的特点。

## 留学记事 My China Story

### 读一读

吉尔吉斯人很重视家庭。以前人们喜欢家里人多，所以每家差不多都有十几口人。那时候家里父母说了算，所有事情都是父母来决定。以前因为家里人多，所以生活比较困难，有的家特别穷(qióng)。

人们知道家里人多不好，所以这几年，特别是2000年以后，大城市里的年轻人结婚后只要两三个孩子。因为他们知道，孩子生多了家庭负担(fùdān)会重，而且对女人来说，生太多孩子对身体不好。我也同意这种观点。不过在农村，一般家庭还是有很多孩子。

我们国家不像中国那样实行计划生育(shēngyù)，一对夫妻只生一个孩子。相反，国家希望人们多生孩子，因为我们国家人口少。另外，在我们国家男女地位不同，男人的地位比女人的地位高一点儿，一般家庭男的说了算。现代社会，吉尔吉斯受到西方的影响，生活上发生了很大的变化，现在和以前完全不一样了。

（吉尔吉斯　小雪）

## 练一练

**根据文章内容判断正误：**

Decide whether the statements below are true or false according to the text.

（　　）1. 在吉尔吉斯，以前有些家庭因为人口多，所以生活困难。

（　　）2. 2000年后，吉尔吉斯大城市的年轻人不要太多的孩子。

（　　）3. 家里的事情父母和孩子商量决定。

（　　）4. 吉尔吉斯人口比较少，所以国家希望人们多生孩子。

（　　）5. 在吉尔吉斯男女地位一样。

（　　）6. 吉尔吉斯虽然也受到了西方国家的影响，但变化不太大。

## 写一写

**我的家庭。**

Easy Moment 轻松阅读 Reading for Fun

## 中国太奇妙了

有个美国人访问了中国后，对翻译(fānyì)说："你们中国太奇妙(qímiào)了，特别是文字方面。比如：'中国队大胜美国队'，是说中国队胜了；而'中国队大败美国队'，又是说中国队胜了。总之，胜利永远属(shǔyú)于你们。"

**关键词：** 大胜 大败

**答一答** "大胜"和"大败"的意思相同吗？都是什么意思？

## 实用阅读
Everyday Chinese

**租房广告。**

**注释：**

在中国生活，你可能想自己租房子。这时候，你可以找一家房屋租赁公司，他们会帮你找到合适的房子。下面几个词语应该对你有帮助。

**实用词语：**

租赁 zūlìn
to lease

月租金 yuè zūjīn
monthly rent

押金 yājīn
deposit

其他费用 qítā fèiyòng
other expenses

户型 hùxíng
house layout

2室1厅 èr shì yì tīng
two-bedroom apartment with one living room

精装 jīng zhuāng
fine fitment

家具 jiājù
furniture

电器 diànqì
electric appliance

### 试一试

租到满意的房子。

### 学一学

一年之(zhī)计在于春，一日之计在于晨。
A year's plan starts with spring. An hour in the morning is worth two in the evening.

# 06

## 阅读中国 Reading China

### 想一想

- 你对万里长城有哪些了解？
- 你知道中国还有哪些名胜古迹？

### 读一读

## 万里长城

中国的长城是世界七大奇迹之一。在秦始皇统一中国以前，人们就开始修建长城。据说，秦始皇使用了近百万劳动力修建长城，这一人口数字占当时全国人口的1/20！古时候，修建长城是为了阻挡北方少数民族南下。今天我们看到的主要是明代的长城。

长城位于中国的北部，东起山海关，西至嘉峪关(Jiāyùguān)，经过河北、北京、内蒙(měng)古、山西、陕(shǎn)西、宁(níng)夏、甘肃(Gānsù)等七个省市、自治区，全长6 700公里，被称为“万里长城”。

长城不但有丰富的历史文化意义，而且是一个游览的好地方。“不到长城非好汉”，许多中外游人都想亲自登上长城。所有到过长城的人，都会惊叹它的雄伟。美国前总统尼克松在参观了长城后说："只有一个伟大的民族，才能造出这样一座伟大的长城"。现在八达岭(lǐng)、司马台、慕(mù)田峪(yù)等地已经成为中外著名的游览胜地。

## 生词

1. 奇迹 qíjī
   miracle
2. 修建 xiūjiàn
   build; construct; erect
3. 据说 jùshuō
   it is said
4. 阻挡 zǔdǎng
   stop; stem; resist; obstruct
5. 游览 yóulǎn
   go sightseeing; tour; visit
6. 登 dēng
   ascend; mount; scale; climb
7. 惊叹 jīngtàn
   wonder at; marvel at
8. 雄伟 xióngwěi
   grand; imposing; magnificent
9. 伟大 wěidà
   grand; imposing; magnificent

## 练一练

一、根据文章内容选择正确答案：
Choose the correct answer according to the passage.

1. 长城（　　　）。
   A. 是秦始皇开始修建的　　B. 是世界的奇迹
   C. 是为了游览而修建的　　D. 修建的时候，每年都使用近百万劳动力

2. "不到长城非好汉"的意思是（　　　）。

A.不到长城是非常的好汉　　B.非常的好汉不到长城
C.不登上长城不算是好汉　　D.不去长城的人都不是好汉

3.关于长城，下面哪种说法不正确？（　　　）
A.长城全长6700公里，所以叫万里长城
B.美国前总统尼克松没有去过长城
C.长城是中外著名的游览胜地　　D.去过长城的人都惊叹长城的雄伟

## 二、词语搭配：
Word collocation.

修建________　　阻挡________　　经过________　　游览________

登________　　雄伟的________　　________伟大　　亲自________

## 三、填写并朗读下列句子：
Fill in the blanks and read aloud the following sentences.

1.长城是世界的________________，秦始皇以前人们就________

________________。

2.古时候人们修建长城是为了________________________。

3.长城位于中国北部，全长6700公里，所以被称为____________。

4.长城有丰富的________________，而且是中外著名的________

________。

5.长城很________，许多中外游人都想去长城。

## 四、讲述：长城。（尽量选用下列词语）
Narrate: (Using as many of the following words and expressions as possible)

奇迹　修建　据说　阻挡　被称为　不但……而且……　雄伟　伟大
游览胜地

**说一说**　介绍你们国家的一个名胜古迹。

## 留学记事
My China Story

### 读一读

我很喜欢旅行，我爸爸妈妈也特别喜欢旅行，从我刚刚懂事的时候起，他们就带着我到世界各地去旅行。我已经去过三十多个国家，也去了这三十多个国家的首都。十岁的时候，我来到了中国，当我第一次看到天安门广场时，简直惊呆（jīngdāi）了。这么大！这么漂亮！爸爸告诉我这是全世界最大的广场。我当时特别高兴，真想告诉所有的人，我去过中国，去过全世界最大的广场。

（英国　玛丽）

我退休以前一直在旅行社工作，当了很长时间的导（dǎo）游。由于工作原因我去过五十几个国家，每个国家的历史、文化、风俗都各有特色，给我留下了深刻（shēnkè）的印象。吃饭时，有的国家用手，如印度、非洲一些国家；西餐用刀叉、盘子；中国人和日本人一般用筷子、碗。在英国和法国，吃饭时很安静，而中国人吃饭时喜欢聊天。吃西餐礼貌（lǐmào）的做法是不出声，特别是喝汤时；日本人喝酱汤时一般也不出声，但吃拉面时通常要发出声响(xiǎng)，表示拉面很好吃。

（日本　小田）

## 练一练

**根据文章内容判断正误：**

Decide whether the statements below are true or false according to the text.

（　　）1. 玛丽跟着爸爸妈妈去世界各地旅行，去过三十多个国家的首都。

（　　）2. 玛丽觉得天安门广场又大又漂亮。

（　　）3. 世界上还有比天安门广场更大的广场。

（　　）4. 小田因为以前是导游，所以去过很多国家。

（　　）5. 印度人吃饭时用刀叉。

（　　）6. 吃西餐出声不礼貌。

（　　）7. 在日本，吃面时出声不礼貌。

## 写一写

一次难忘的旅行。

Easy Moment

## 轻松阅读
Reading for Fun

一句话感想：
Put Your reflections here.

## 实用阅读 Everyday Chinese

**公共汽车站牌。**

### 试一试

坐公共汽车游览。

### 学一学

活到老，学到老。

It is never too old to learn.

# 07

## 阅读中国
Reading China

### 想一想

- 中国人怎样打招呼？
- 在你们国家，人们怎么打招呼？

### 读一读

# “吃了吗”

中国人有时喜欢用“吃了吗”打招呼。不了解这种习惯的外国人还以为中国人要请自己吃饭呢。其实，中国人说这句话时，一般没有请对方吃饭的意思。这只是一句简单的问候，你回答“吃了”或“没吃”就行。

除了“吃了吗”，中国人见面时常用的还有“去哪儿啊”、“忙着哪”、“干什么呢”、“回来了”、“上班呀”、“买东西去”、“出去呀”……中国人打招呼时，一般问对方正在做的、刚刚做过的或马上要做的事情，差不多都是和对方有直接关系。这种问候只是表示礼貌和关心，不需要对方明确回答。

现在，有些人也用“你好”打招呼。

中国人的这种问候方式，外国人可能不太理解。中国人并不是真想知道对方去哪儿？干什么？只是想表现出对对方的关心。所以，你简单地说句“出去一下”、“有点儿事”就没问题了。但是外国人可能会认为，我去哪儿是我自己的事，和别人没有关系，为什么要告诉你？

## 生词

1. 招呼 zhāohu
call; say hello to

2. 对方 duìfāng
the other side; the other party

3. 问候 wènhòu
greeting

4. 礼貌 lǐmào
politeness; manners; courtesy

5. 明确 míngquè
definite; explicit

6. 表现 biǎoxiàn
express; show; display

## 练一练

一、根据文章内容选择正确答案：
Choose the correct answer according to the passage.

1. 中国人打招呼有什么特点？（　　）

A. 用请人吃饭的方式打招呼
B. 打招呼的内容跟对方关系不大
C. 打招呼的内容有时是对方正在做的事情
D. 中国人打招呼时只说“吃了吗”

2. 中国人打招呼时说“吃了吗”是因为（　　　）。
A. 想请对方吃饭
B. 想知道对方吃没吃饭
C. 要表示对对方的关心
D. 大家不习惯说“你好”

## 二、词语搭配：
Word collocation.

直接________　　________招呼　　问候________　　________明确

## 三、填写并朗读下列句子：
Fill in the blanks and read aloud the following sentences.

1. 除了“吃了吗”，中国人打招呼时常用的还有________________、________________。

2. 中国人打招呼时，一般问对方________________________________，大部分内容跟对方有________________。

3. 中国人的问候主要表示________________，不需要对方________________。

## 四、讲述：中国人打招呼的特点。（尽量选用下列词语）
Narrate: (Using as many of the following words and expressions as possible)

招呼　对方　具体　直接关系　问候　表现　礼貌　明确

**说一说** 对比中国和你们国家打招呼的方式。

## 留学记事 My China Story

### 读一读

上个学期我住在校外，没有住在学校的宿舍里。每天我都会见到我的邻居——一个老大娘。每次我从屋子里出来，她都问我："你去哪儿？"而且，每次我回家，她会问："你从哪儿回来的？"原来我觉得这个老大娘的好奇心(hàoqíxīn)有点强，她为什么什么事都要知道？在法国，你不认识的人不会问你这样的问题。后来，我去问我的一个中国朋友，他告诉我，这没什么不好的，这是一种礼貌，可以简单地回答："出去了"。从那以后，每次我看见她，我先问她"你去哪儿"、"干什么去"这些问题。

（法国　莎莎）

刚到北京的时候，我也发现很多中国人特别好奇，他们会直接问我很多问题。比如说，刚认识的人会问我，"你一个月的收入是多少"、"以前有几个女朋友"等等。有一些问题让我觉得不舒服，而且我也不理解为什么那么多陌生(mòshēng)人会问我那么多问题。后来，我发现中国人很热情，所以陌生人之间也互相关心。他们问我那么多问题是因为对我感兴趣。这种时候，你或者告诉他们你的情况；或者直接说，在我们国家，这些问题是隐私，初次见面时一般不问。如此回答，他们都可以接受。

（美籍华人　黄伟）

## 练一练

**根据文章内容判断正误：**

Decide whether the statements below are true or false according to the text.

（　　）1.邻居老大娘好奇心很强，什么事都想知道。

（　　）2.邻居老大娘问“你去哪儿”其实是一种礼貌。

（　　）3.每次被人问到“你去哪儿”的时候，都要告诉对方去哪儿。

（　　）4.在中国，刚认识的人也会问“收入多少”的问题。

（　　）5.中国人直接问问题让黄伟不舒服，他一直不能理解。

## 写一写

问候。

Easy Moment

## 轻松阅读 Reading for Fun

### 学英语

奥运(Àoyùn)申办(shēnbàn)成功了，中国又加入了WTO。一天，公司经理要求手下的职员(zhíyuán)好好学习英语，并且第一节课由他自己讲。

经理在黑板上写了一句话：How are you?然后看了看下面的人说："你们谁来翻译一下这句话？"。没有人回答，经理有些不高兴，这么简单的句子都不会？于是经理就点名让小李来翻译。

小李站起来后，结结巴巴(jiējie-bābā)地说："这……这三个词我都认识，只是……只是放在一起是什么就不知道了，是不是'怎么—是—你？'的意思？"

经理非常生气，又不能发火，只好说："再来一个试试！"于是在黑板上又写了一句话：How old are you?小李回答道："怎么—老—是—你？"

**关键词：**翻译

**答一答** 小李每个词的翻译都是正确的，为什么句子的意思不对呢？

## 实用阅读
Everyday Chinese

**服务项目。**

**实用词语：**

证件快照 zhèngjiàn kuàizhào
certification snapshot

打印 dǎyìn
to print

复印 fùyìn
to xcrox

扫描 sǎomiáo
to scan

传真 chuánzhēn
fax

租书 zū shū
book rental

### 试一试

完成需要的服务。

### 学一学

站得高，看得远。
The one who stands higher takes a broader view.

# 08

## 阅读中国 Reading China

想一想

- 你对中国的孩子有什么样的印象？
- 你认为中国的孩子快乐吗？
- 你们国家的孩子每天怎样度过？

读一读

### 中国孩子缺什么

对于儿童教育的目标，西方家长认为是“快乐”，以中国为代表的东方家长却认为是“成功”，这样就形成了两种不同的教育方式。美国专家研究认为，3岁的美国孩子的微笑要比同龄的中国孩子多55.6%。美国孩子比中国孩子爱笑，表示美国孩子比中国孩子更快乐。一些中国专家认为，中国孩子微笑少与父母对孩子期望过高有关。

父母的高期望常常给孩子造成很大的压力。不少中国父母的理想就是希望孩子能上好的小学、中学、大学直到找到一个好的工作。为了这个理想，孩子上学要拼命读书，很少有时间玩。放学以后或周末，他们也不能休息，除了做作业、做练习外，还要参加各种各样的辅导班。有些父母从孩子三四岁开始，就让他们学汉字、背诗、学英语，希望孩子学会更多的东西。

## 生词

1. 教育 jiàoyù
   teaching; education
2. 目标 mùbiāo
   target
3. 代表 dàibiǎo
   representative
4. 成功 chénggōng
   succeed
5. 形成 xíngchéng
   take shape; form
6. 微笑 wēixiào
   smile
7. 期望 qīwàng
   hope; expectation; aspiration
8. 造成 zàochéng
   cause; create
9. 压力 yālì
   mental burden; pressure
10. 拼命 pīnmìng
    use all one's might
11. 诗 shī
    poetry; poem

## 练一练

一、根据文章内容选择正确答案：
Choose the correct answer according to the passage.

1. 和美国孩子比，中国孩子缺少什么？（　　）
   A. 时间　B. 压力　C. 微笑　D. 父母的期望

2. 中国孩子微笑少与什么有关？（　　）
   A. 希望上好大学　B. 没时间玩儿
   C. 拼命读书　D. 父母给孩子的期望和压力

3.下面哪个不是中国孩子生活的一部分？（　　　）

A.拼命学习　　　　　　B.周末休息

C.参加辅导班　　　　　D.做作业、做练习

## 二、词语搭配：

Word collocation.

代表________　　________成功　　形成________　　________目标

造成________　　拼命________　　教育________　　背________

## 三、填写并朗读下列句子：

Fill in the blanks and read aloud the following sentences.

1.东西方的教育目标不同。西方家长以________为教育目标，而________________东方家长认为________很重要。

2.有专家研究认为，美国孩子比中国孩子________，表示美国孩子________________快乐。

3.一些专家认为，中国孩子微笑少与父母对孩子________________有关，父母的高期望给孩子________________________。

4.中国孩子很少有时间玩儿。上学要________________，放学后或周末要参加________________________。总之，父母希望孩子________________________。

## 四、讲述：中国的教育。（尽量选用下列词语）

Narrate: (Using as many of the following words and expressions as possible)

教育　目标　成功　形成　期望　造成　压力　拼命　辅导

**说一说** 介绍你们国家的教育情况。

## 留学记事
My China Story

### 读一读

在大多数西方国家，那么小的孩子就得拼命读书的情况很少见。我们的父母没有这么强烈(qiánglie)的“望(wàng)子成龙(lóng)”的思想。在我们国家，你不可能看到10岁的孩子在周末学习或是请家教辅导。总的来说，那里的孩子没有很大的压力。人们普遍认为，要是孩子生活在太大的压力之下，他们就没有童年的快乐。

在瑞典(Ruìdiǎn)，一般来说，做完家庭作业后，孩子们都可以出去玩。不用说，他们很可能会去学习骑马、踢球或是参加什么别的体育活动，或是弹琴(tánqín)，跟中国的好多孩子没什么不同。可是，这些活动大都非常轻松，没有什么目标。

在中国，孩子学习弹琴，可以参加这方面的考试，就像参加学校的考试一样。我们国家没有这种考试。我想，总的来说，与许多西方人相比，中国人，可能还有其他亚洲人参加的考试很多。在我们西方社会，学习可能比较轻松。如果你这次没通过考试，或者你没考上大学，你一般还会有第二次机会。

（根据搜狗网改写，作者：瑞典记者李琳）

## 练一练

**根据文章内容判断正误：**

Decide whether the statements below are true or false according to the text.

(　　) 1. 西方国家的父母一点儿也没有“望子成龙”的思想。

(　　) 2. 西方国家的孩子都不拼命读书。

(　　) 3. 西方人普遍认为，为了童年的快乐，不应该给孩子太大的压力。

(　　) 4. 瑞典孩子和中国孩子不同的是，他们弹琴很轻松，没有什么目标。

(　　) 5. 西方人学习比较轻松，亚洲人的考试比西方人的多。

## 写一写

**我的童年。**

Easy Moment

## 轻松阅读
Reading for Fun

**一句话感想：**
Put your reflections here.

..................................................

..................................................

..................................................

## 实用阅读 Everyday Chinese

**中国国内和国际信封的写法。**

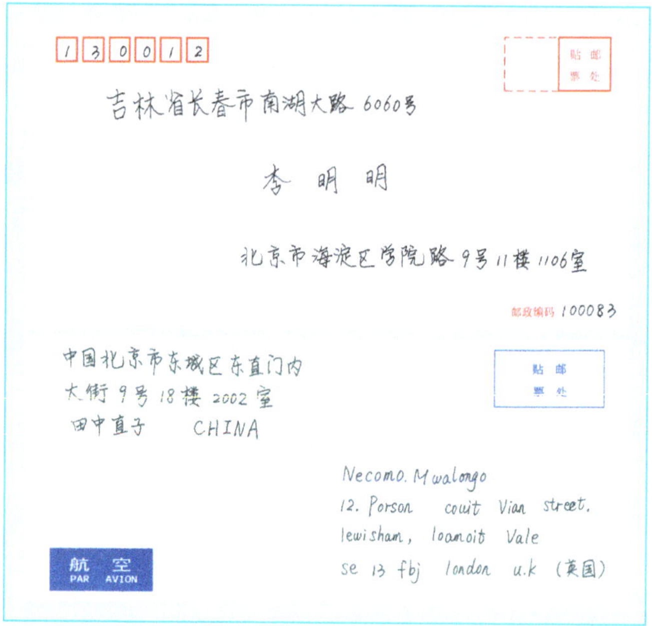


### 注释：

中国国内信封的写法与有些国家不同：左上方写收信人地址，右下方写寄信人地址。另外，中国的地址是从大到小，而西方一些国家的地址是从小到大。有人说，这表明中国人的思维方式是从大到小，而西方人的思维方式是从小到大，你认为呢？

### 试一试

找一找表现中国人从大到小的思维方式的现象。

### 学一学

知足常乐

Content is happiness.

# 09

阅读中国
Reading China

想一想

- 你们国家有关于龙的传说吗？
- 龙对中国人来说，是一种什么样的动物？
- 你对龙有什么看法？

读一读

## “龙”在中国

龙是传说中的一种动物，在中国到处都能看到它的形象。真正的龙是什么样子呢？谁也没见过，因为自然界没有这样的动物。它是人类自己创造的。

龙不仅中国有，世界上很多国家的传说中也有龙，不过不同国家的龙不太一样。比如，在西方有些国家，从龙嘴里吐(tǔ)出来的是火；在中国，龙嘴里吐出来的是水。西方一些国家的龙常常象征凶恶(xiōng'è)，而中国龙往往象征吉祥。在日本，龙生活在天上，在中国，龙居住在海里。

北京的故宫是一个龙的世界，门上、窗上、

zhù
柱子上，到处都有龙。中国人认为龙能给人们带来欢乐。在喜庆的日子里，人们喜欢舞龙。汉语里和龙有关的成语很多，比如“望子成龙”。在中国带“龙”字的山名、水名和地名更是多得数不清，而且龙还是十二属相中的一种动物。这些都表现出人们对龙的喜爱。

## 生词

1. 龙 lóng
   dragon
2. 传说 chuánshuō
   legend
3. 形象 xíngxiàng
   image; form; figure
4. 自然界 zìránjiè
   the natural world
5. 创造 chuàngzào
   create
6. 象征 xiàngzhēng
   symbolize; signify; stand for
7. 吉祥 jíxiáng
   auspiciousness; luckiness
8. 喜庆 xǐqìng
   joyous; jubilant
9. 成语 chéngyǔ
   idiom
10. 望子成龙 wàngzǐchénglóng
    to have great ambitions for one's children
11. 属相 shǔxiàng
    the twelve traditional animals which mark the cycle of years

## 练一练

一、根据文章内容选择正确答案：
Choose the correct answer according to the passage.

1. 关于龙，下面哪种说法正确？（　　　）

A. 自然界里到处都有龙　　B. 有人看见过龙

C. 人类创造了龙　　D. 中国确实有龙这种动物

2. 中国龙和其他国家的龙有什么不同？（　　　）

A. 西方龙嘴里吐出来的是水，中国龙嘴里吐出来的是火

B. 日本的龙生活在大海里，中国的龙生活在河里

C. 西方龙象征快乐，中国龙象征吉祥

D. 关于龙的传说不一样

3. 中国人喜欢龙表现在（　　　）。

A. 在节日里，人们喜欢舞龙　　B. 汉语里和龙有关的词语很多

C. 中国带"龙"的地名多得数不清　　D. 以上三项都正确

## 二、词语搭配：

Word collocation.

创造________　　象征________　　________形象　　吉祥________

## 三、填写并朗读下列句子：

Fill in the blanks and read aloud the following sentences.

1. 自然界中没有龙这种动物，它是人类自己________的。

2. 西方的龙象征________，中国的龙象征________。

3. 中国人喜爱龙，在中国到处能看到龙的________；在喜庆的日子里，人们喜欢________；汉语里和龙有关的词语很多，比如____________；在中国，龙还是十二________中的一种动物。

## 四、讲述：你眼中的中国龙。（尽量选用下列词语）

Narrate: (Using as many of the following words and expressions as possible)

传说　创造　象征　凶恶　吉祥　喜庆　舞龙　望子成龙　属相

**说一说**　谈谈你对龙的看法。

## 留学记事 My China Story

### 读一读

我第一次看到"龙"是在一个中国传说里。在我心里，它一直象征着中国文化：雄伟而又神秘（shénmì）。我从小就对中国文化感兴趣。所以当我发现我属龙时，我开始认为我跟中国有一种缘分（yuánfèn）。

（法国 吴艺）

在我们的传说中也有很多关于龙的故事。这些故事丰富了小孩子们的想象力。龙是一种非常神奇（shénqí）的动物。但是我们对龙没有一种崇拜（chóngbài）心理。对我来说，龙并不是一种特别的动物，在我们的历史中也有很多神奇的动物。

（西班牙 玛莎）

在日本，也有关于龙的传说。日本人也崇拜龙，这当然是从中国传过来的。我从小就知道龙，而且喜欢看龙的样子，知道龙的意义。虽然在这个世界上龙是不存在的，但是对我来说，还是愿意相信它的存在。谁也没见过龙，不过大家都知道龙，真有意思。

（日本 山路）

## 练一练

**根据文章内容判断正误：**

Decide whether the statements below are true or false according to the text.

(　　) 1. 文章中的法国同学属龙。

(　　) 2. 法国同学对中国文化很感兴趣，认为中国文化很神秘。

(　　) 3. 西班牙也有关于龙的传说，而且人们对龙也很崇拜。

(　　) 4. 西班牙有很多神奇动物的传说。

(　　) 5. 日本有龙的传说，日本人崇拜龙，但这和中国没有关系。

(　　) 6. 文章中的日本同学认为世界上真的有龙。

## 写一写

**介绍你们国家一种有代表性的动物。**

轻松阅读 Easy Moment

Reading for Fun

## 早　点

外国人："你们中国人真是一个勤奋（qínfèn）的民族。"

中国人："怎么看得出来？"

外国人："每天早上我走在路上，常常能看到路边写着'早点'两个大字，提醒（tíxǐng）路上的人，要早点！早点！不要迟到。"

**关键词：** 早点

答一答　"早点"的两个不同的意思分别是什么？

## 实用阅读
Everyday Chinese

**北京地铁线路图。**

### 试一试

乘坐地铁出行。

### 学一学

人往高处走，水往低处流。

Water always flows downwards while people always stuggle upwards.

# 10

## 阅读中国
Reading China

### 想一想

- 你认为练书法和学汉字有关系吗？
- “文房四宝”是什么？

### 读一读

## 书　法

简单来说，书法就是汉字的书写艺术。作为中国人重要的交际工具，汉字在发展过程中，不但起着交流思想、传播（chuánbō）文化等作用，而且它本身又形成了一门艺术。

在人们书写应用汉字的过程中，逐渐产生了书法艺术，这在世界各民族文字中是少有的。中国书法的历史很长，书法能够表现出中国人对美的认识。有的外国人觉得汉字像画儿。很多人就是因为对中国的书法产生了兴趣，然后才开始学习汉语的。

写书法时，一般会用到笔（这里的笔是指毛

笔）、墨(mò)、纸、砚(yàn)这四种用具，人们通常把它们叫做"文房四宝"，意思是说它们是文人书房中必备的四件宝贝(bǎobèi)。中国古代文人基本上都是或能写，或能画，或既能写又能画，他们一般离不开笔、墨、纸、砚这四件宝贝。

## 生词

1. 书法 shūfǎ
   calligraphy
2. 艺术 yìshù
   art
3. 交际 jiāojì
   social contacts; communication
4. 发展 fāzhǎn
   develop
5. 过程 guòchéng
   course; process
6. 交流 jiāoliú
   exchange; interflow; interchange
7. 应用 yìngyòng
   apply; use
8. 逐渐 zhújiàn
   gradually; by degrees
9. 产生 chǎnshēng
   produce; give rise to; engender
10. 通常 tōngcháng
   general; usual; normal

## 练一练

一、根据文章内容选择正确答案：
Choose the correct answer according to the passage.

1.汉字（　　　）。
A.是书写艺术　　　　B.是中国人重要的交际工具

C.只有交流思想的作用　　D.已经不发展了

2.汉字的书法艺术（　　　）。
A.只有中国有　　　　　B.是突然产生的
C.历史很长，它能够表现中国人的美丽
D.对外国人学汉语有影响

3.关于文房四宝，下列说法不正确的是（　　　）。
A.文房四宝是指笔、墨、纸、砚
B.文房四宝是写书法时的用具
C.文房四宝是生活中必备的四件宝贝
D.古代文人基本上离不开文房四宝

## 二、词语搭配：
Word collocation.

发展________　　________过程　　交流________　　________艺术

逐渐________　　产生________

## 三、填写并朗读下列句子：
Fill in the blanks and read aloud the following sentences.

1.简单来说，________是汉字的书写艺术。

2.汉字是中国人重要的________________，人们可以通过汉字________

________________________。

3.人们通常把笔、墨、纸、砚叫做________________。

4.中国书法的历史很长，书法能够表现出中国人________________________。

## 四、讲述：简单介绍一下书法。（尽量选用下列词语）
Narrate: (Using as many of the following words and expressions as possible)

书法　艺术　发展　过程　逐渐　产生　表现　文房四宝

**说一说**　谈谈你对书法的看法。

## 留学记事
My China Story

### 读一读

几年前，我的一个朋友告诉我，学汉语好像是学四种语言：学语法、学汉字、学发音、记声调（shēngdiào）。我学汉语的时候觉得最难的是写汉字。我说话的时候能用很多词，可是写的时候不知道怎么写。可能最好的学习汉字的办法是天天写汉字。

（蒙古　美兰）

在韩国学外语的时候，重视语法、阅读和写作能力，不太重视会话能力。但是别的国家跟韩国不一样，比起读写更重视会话能力。这样的情况在我们班的教室里也可以看出。

我和我们班的韩国同学在阅读课上的表现比口语课更积极。我们已经习惯了阅读课的上课方式，但是口语课时经常很紧张。我们还没习惯以会话为主的课，因为韩国没有这样的课。可是别的国家的同学跟我们相反，口语课的时候，他们积极地发言，自信地说出自己的想法。说实话，我很羡慕他们。

我认为学外语是为了用，会话能力非常重要。虽然语法也很重要，但是如果说不出来，就不能跟外国人交流。

（韩国　贤儿）

## 练一练

**根据文章内容判断正误：**

Decide whether the statements below are true or false according to the text.

(　　) 1. 学汉语就是学四种语言。

(　　) 2. 有的人说话时能用很多词，但不知道汉字怎么写。

(　　) 3. 韩国人学外语的时候，对听说读写都重视。

(　　) 4. 韩国同学在阅读课上很积极，口语课时不积极，这是因为韩国没有以会话为主的课，所以很多韩国同学不习惯。

(　　) 5. 文章中的“我”认为学外语是为了跟外国人交流，所以会话能力很重要。

## 写一写

练书法、学汉字。

Easy Moment

轻松阅读

Reading for Fun

一句话感想：

Put your reflections here.

## 实用阅读 Everyday Chinese

**老字号的牌匾。**

### 注释：

中国老字号是中华民族商品经济的代表，很多老字号都有一百多年的历史。老字号牌匾（páibiǎn），既是商店的标志，又是一种书法艺术。

全聚德（Quánjùdé）：烤鸭店。
张一元（Zhāngyīyuán）：茶叶店。
吴裕泰（Wúyùtài）：茶叶店。
同仁堂（Tóngréntáng）：药店。

### 试一试

熟悉中国的一些老字号。

### 学一学

萝卜白菜——各有所爱
Some prefer turnips and others pears.

# 11

## 阅读中国 Reading China

### 想一想

- 北京的早晨有什么特点？
- 你所在的城市的早晨有什么特点？
- 早晨是一天的开始，你早晨一般做什么？

### 读一读

## 北京的早晨

老北京人，好像都有一个习惯，就是逛早市。早市的东西很丰富，有蔬菜、水果、日用品……这里的蔬菜又新鲜又便宜，而且还可以讨价还价。早市已经成为人们生活中不可缺少的一部分。

从早市回来，一些人开始准备早餐。现在北京人的早餐已经发生了变化，和以前大不一样。不过很多北京人还是离不开油饼（yóubǐng）、油条、咸菜（xián）、稀粥（xīzhōu）、豆浆（dòujiāng），当然也有一些人喜爱面包、牛奶、火腿（huǒtuǐ）。

早晨是一天的开始，很多北京人的一天是从运动开始的。每天早上，大大小小的公园、花园成了人们锻炼身体的地方，男女老少都在这里运动。有练太极拳的；有做操的；有下棋(qí)的；有跳舞的……值得一提的是——跳交际舞。如果你看到很多人在空地上或者广场上，听着音乐跳交际舞，你一定不要惊奇。如果你能早起加入到他们中间，热情的北京人一定会非常欢迎你。

## 生词

1. 逛 guàng
   stroll; ramble
2. 蔬菜 shūcài
   vegetable
3. 讨价还价 tǎojià-huánjià
   bargain; haggle over a price
4. 缺少 quēshǎo
   lack; be short of
5. 发生 fāshēng
   take place; occur; happen
6. 太极拳 tàijíquán
   shadowboxing
7. 值得 zhídé
   be worth
8. 惊奇 jīngqí
   be surprised
9. 加入 jiārù
   join; become a member

## 练一练

一、根据文章内容选择正确答案：
Choose the correct answer according to the passage.

1. 老北京人爱逛早市的原因是（　　）。
A. 逛早市是一种习惯　　B. 早市是生活中不可缺少的一部分
C. 早市上有很多东西，蔬菜、水果、日用品等
D. 早市上的东西又丰富又便宜，而且可以讨价还价

2. 关于北京人的早餐，说法正确的是（　　）。
A. 北京人早上只吃油饼、油条、咸菜、稀粥、豆浆
B. 北京人的早餐没什么变化
C. 有一些北京人早上吃面包、火腿
D. 不吃早饭的北京人很多

## 二、词语搭配：
Word collocation.

逛________　缺少________　发生________　值得________

加入________　开始________　热情的________

## 三、填写并朗读下列句子：
Fill in the blanks and read aloud the following sentences.

1. 老北京人都习惯________，早市的东西既________又________，而且还能________。早市已经成为很多人生活中________的一部分。

2. 很多北京人喜爱________，早上，男女老少都在公园里、花园里________________，特别________的是，很多人在广场上听着音乐跳交际舞。

## 四、讲述：北京的早晨。（尽量选用下列词语）
Narrate: (Using as many of the following words and expressions as possible)

早市　丰富　新鲜　便宜　讨价还价　早餐　离不开　运动　锻炼　值得一提

**说一说**　北京的早晨与你家乡有什么不同？

## 留学记事
My China Story

### 读一读

来到北京，我突然发现了一个对我来说很有意思的现象。我觉得这种现象一定跟中国传统文化和生活方式有直接关系。

与我的一些俄罗斯（Éluósī）朋友相比，我并不喜欢睡懒（lǎn）觉。不管平时还是周末，我早上都六点半起床。

我知道在中国早上早起是一个传统的习惯。早起的人会觉得自己很健康、很积极。比如，早上起床以后，很多人出去锻炼身体，他们在体育场跑几圈儿；在公园、花园练太极拳、做操或跳舞什么的。锻炼身体以后人们当然会觉得更有力量（lìliàng），而且身体更健康！

我很喜欢看中国老人练太极拳。不瞒（mán）你说，在俄罗斯，一般的老人不太注意身体健康。所以看到中国老人注意锻炼，我又高兴又悲伤（bēishāng）。

（俄罗斯 玛丽亚）

## 练一练

**根据文章内容判断正误：**

Decide whether the statements below are true or false according to the text.

(　　) 1.作者认为她发现的现象跟中国传统文化没有什么关系。

(　　) 2.作者是一个爱睡懒觉的人。

(　　) 3.早起的人都很健康。

(　　) 4.很多中国人早上起床后练太极拳、跑步、做操什么的。

(　　) 5.我高兴是因为中国老人注意锻炼，悲伤是因为俄罗斯老人不注意健康。

## 写一写

××的早晨。

Easy Moment
轻松阅读
Reading for Fun

## 中国人民很行

有一个外国人自学了一点儿汉语，最近有机会到中国来游玩。他在街上走了一会儿，对跟他在一起的中国人说：“你们国家的人好像有点儿爱说大话。你看，这满街都写着‘中国人民很行’、‘中国建设很行’、‘中国农业很行’。中国建设得是很不错，但也没有必要到处写吧！”。中国人顺着他指的方向望去，原来写的是“中国人民银行”、“中国建设银行”、“中国农业银行”……

**关键词：**银行 很行

答一答

1.为什么有些外国人容易看错“银行”和“很行”？“很行”是什么意思？

2.除了“行”以外，你还知道哪个汉字有两个不同的发音？

## 实用阅读
Everyday Chinese

**早点。**

# 早 点

| | | | |
|---|---|---|---|
| 大包子 | 1元/个 | 酸辣粉 | 5元/碗 |
| 豆腐脑 | 1元/碗 | 馒头 | 1元/个 |
| 山城汤圆 | 5元/碗 | 酸辣米线 | 5元/碗 |
| 油条 | 1元/根 | 豆浆 | 2元/杯 |
| 绿豆粥 | 1元/碗 | 肉丝面 | 6元/碗 |
| 麻团 | 1元/个 | 担担面 | 5元/碗 |
| 棒子粥 | 1元/碗 | 小混沌 | 3元/碗 |
| 茶鸡蛋 | 1元/个 | | |
| 小笼包 | 4元/笼 | | |
| 鲜肉蒸饺 | 4元/笼 | | |

**实用词语：**

包子 bāozi
steamed filled bun

豆腐脑儿 dòufunǎor
jellied tofu/uncongealed beancurd

汤圆 tāngyuán
stuffed dumplings made of glutinous rice flour

油条 yóutiáo
deep-fried fluffy dough sticks

粥 zhōu
porridge

鸡蛋 jīdàn
egg

馒头 mántou
steamed bun

豆浆 dòujiāng
soybean milk

面 miàn
noodles

馄饨 húntun
wonton

### 试一试

找找自己爱吃的早点。

### 学一学

举头望明月，低头思故乡。

Raising my head I see, In the sky the splendid moon.
Then dropping my head I dream, Of the homeland of my own.

12

阅读中国
Reading China

想一想

- 现代中国人的生活是什么样子？

读一读

# 现代生活

2008年是一个运动年，奥运会让无数中国人兴奋无比。公园里、操场上、体育馆里，到处是健身的人。练太极拳、踢足球、打羽毛球、打乒乓球、跳健美操……热爱运动和健康的男女老少走出家门，积极参加体育锻炼。

2008年是一个旅游年。2008年中国人旅游消费超过日本人和德国人，仅次于美国，居世界第二位。现在，很多人，特别是一些年轻人，已经不满足于游览国内外的名胜古迹，他们更愿意去一些有趣的地方。

进入信息时代，人们越来越离不开手机和电脑。网络正在改变着人们的生活，人们可以通过网络获得更多的知识，网民可以自由地发表意见，得到对自己有用的信息。目前，网上购物也很受欢迎。在北京、上海、深圳(zhèn)、广州(zhōu)，网上购物人数超过1 000万。

和美国人喜欢用电子邮件不同，中国人更愿意用手机短信与人交流。中国有45 500万手机用户，他们每月发送3亿条短信用来聊天或开玩笑。节日期间，很多人用短信祝福。手机短信已经成为中国人主要的交流方式之一。

## 生词

1. 兴奋 xīngfèn
   be excited
2. 健身 jiànshēn
   work out; exercise
3. 热爱 rè'ài
   ardently love; have deep love for
4. 旅游 lǚyóu
   travel; tour
5. 超过 chāoguò
   exceed
6. 仅次于 jǐncì yú
   only second to / next to
7. 信息 xìnxī
   information; message
8. 网络 wǎngluò
   Internet
9. 发表 fābiǎo
   publish; announce
10. 购物 gòuwù
    shopping
11. 邮件 yóujiàn
    mail
12. 期间 qījiān
    time; period; course
13. 祝福 zhùfú
    blessing

## 练一练

一、根据文章内容选择正确答案：
Choose the correct answer according to the passage.

1. 为什么说2008年是运动年？（　　　）
A. 中国人都高兴地参加奥运会　　B. 中国人每天都打太极拳
C. 越来越多的人积极参加体育锻炼　　D. 很多人去公园和体育馆

2. 2008年中国人旅游的特点是（　　　）。
A. 年轻人喜欢去旅游　　B. 特别愿意去名胜古迹
C. 旅游消费比以前多了，人们更愿意去有趣的地方旅游
D. 花很少的钱去旅游

3. 人们越来越离不开手机和电脑的原因是（　　　）。
A. 手机购物很时尚
B. 节日期间，人们必须用手机短信祝福
C. 中国人和美国人一样都愿意使用电子邮件与人交流
D. 人们可以通过网络获得知识，用手机短信交流

二、词语搭配：
Word collocation.

热爱________　　________健身　　积极________　　超过________

发表________　　________期间　　祝福________　　________邮件

三、填写并朗读下列句子：
Fill in the blanks and read aloud the following sentences.

1. 2008年是一个运动年。公园里、操场上到处是________________，热爱________

________________的男女老少________________________________体育锻炼。

2. 2008年中国人的旅游消费________________________________________________

________________________________________，居世界第二位。

3. 进入________时代，________正在改变着人们的生活。人们可以通过网络

______________________、______________________________

__________、自由地______________。

4. 比起______________，中国人更愿意用________________与人交流。中国人用短信________、__________和________，手机短信已经成为中国人的主要______________之一。

## 四、讲述：现代中国人的生活。（尽量选用下列词语）

Narrate: (Using as many of the following words and expressions as possible)

健身　积极　旅游　仅次于　不满足于　信息　手机　电脑　网络　邮件　短信　交流

**说一说**　我看现代中国人的生活。

## 留学记事 My China Story

**读一读**

我认识的中国白领在业余时间喜欢去健身房运动。他们大部分是从国外回来的，有过在国外生活的经历。他们已经把运动当成生活的一部分，在他们看来，如果太胖的话，就显得自己有些懒，而且让人觉得没有把自己的生活安排好。我认为一般的国家都是老年人比较健康，因为他们有时间锻炼身体。中国老人喜欢传统的运动，比如太极拳、扇子舞什么的。在日本，五六十岁的人喜欢爬山。

日本人很喜欢旅游，大部分日本人爱去名胜古迹，还有很多人愿意去没有去过的地方，比如西藏(zàng)的拉萨(Lāsà)。年纪大的人喜欢到国外看看，年轻人爱去风景优美、比较休闲(xián)的地方，比如印度尼西亚的巴厘岛(Bālí Dǎo)。

在日本，手机和电脑也成为生活中不可缺少的一部分。很多人每天发短信，大家用手机发照片、看电视、传送音乐、听MP4等等。人们越来越离不开手机和电脑了。从孩子到老人都用电脑。我的父亲今年75岁，他也常常用电脑发邮件、购物。同样的商品，在网上可以找到价格最便宜的地方。日本的大学生如果没有电脑，简直无法学习。找资料、上课发言、写毕业论文，都需要电脑。来北京后，我发现中国的大城市和日本差不多，电脑、手机使用得很广泛(fàn)。电脑确实改变了人们的生活。

（日本 山下）

## 练一练

根据文章内容判断正误：

Decide whether the statements below are true or false according to the text.

(　　) 1.有一些在国外生活过的白领已经习惯运动了。

(　　) 2.日本的老人喜欢打太极拳、练扇子舞什么的。

(　　) 3.日本年轻人最爱去名胜古迹。

(　　) 4.很多日本人用手机发短信、看电视。

(　　) 5.在日本，除了孩子，大家都用电脑。

## 写一写

在中国生活。

Easy Moment

## 轻松阅读
Reading for Fun

**一句话感想：**
Put your reflections here.

## 实用阅读
Everyday Chinese

**各种招牌。**

**实用词语：**

网吧 wǎngbā
Internet cafe

药房 yàofáng
pharmacy

铁路航空售票 tiělù hángkōng shòupiào
train/flight ticket

川菜 chuāncài
Sichuan cuisine

小吃 xiǎochī
snack

### 试一试

掌握不同的招牌的内容。

### 学一学

老王卖瓜——自卖自夸。

Every potter praises his own pot.

# 13

## 阅读中国
Reading China

想一想

- 你吃过哪些中国菜？
- 中国菜有什么特点？
- 中国的特色食品是什么？

读一读

### 喜欢吃的人在中国是幸福的

喜欢吃的人在中国是幸福的。从南到北，从东到西，中国好吃的东西太多了。比如，新疆(jiāng)的羊肉串(chuàn)、北京的烤鸭、上海的小笼(lóng)包、四川的麻辣(málà)火锅……好吃极了。在中国你总能找到自己喜欢的食品。此外中国还有一些特色的节日食品，如中秋节吃月饼；端(duān)午节吃粽(zòng)子；春节吃饺(jiǎo)子、年糕(gāo)；元宵(xiāo)节吃元宵。

中国是茶的故乡。俗(sú)话说："早晨开门七件事，柴(chái)米油盐(yán)酱醋(cù)茶"。茶早已经成为中国人生活中不可缺少的一部分。喝茶不但对健康有好处，而且还能给人们带来很多乐趣。花茶、绿茶、红茶、八宝茶、乌龙茶，这些都是中国人常喝的。事实上，不仅中国人爱喝茶，其他一些国家，如日本、韩国、英国、俄罗斯等国的人也有喝茶的习惯。

饮食文化在中国有很重要的地位。汉语里用酸(suān)甜苦(kǔ)辣来形容人生百味，而且汉语里有很多词都和吃有关。考试得了零分叫"吃鸭蛋"；看见自己的男朋友跟别的女孩子在一起，她会"吃醋"；受欢迎就是"吃香"等等。

## 生词

1. 幸福 xìngfú
   happy; well-off; fortunate
2. 比如 bǐrú
   for example; for instance
3. 特色 tèsè
   unique characteristic; special feature
4. 如 rú
   for instance; such as; as
5. 故乡 gùxiāng
   hometown; native place
6. 带来 dàilái
   bring
7. 乐趣 lèqù
   delight; pleasure; joy
8. 饮食 yǐnshí
   food and beverage; diet
9. 酸甜苦辣 suān tián kǔ là
   joy and sorrow of life
10. 形容 xíngróng
   describe

## 练一练

一、根据文章内容选择正确答案：
Choose the correct answer according to the passage.

1. 中国的饮食非常丰富，（　　　　）。
A. 好吃的东西都在中国的东南部
B. 不过你不一定能找到自己喜欢的食品
C. 羊肉串、烤鸭、火锅是中国特色的节日食品
D. 端午节时人们吃粽子

2. 中国是茶的故乡，（　　　　）。
A. 喝茶能给人带来乐趣　　B. 中国人生活中最重要的是茶
C. 中国人最常喝花茶　　D. 中国人喝茶以后更健康

3. “吃醋”的意思是（　　　　）。
A. 羡慕别人　　B. 喜欢别人　　C. 讨厌别人　　D. 嫉妒别人

二、词语搭配：
Word collocation.

特色________　　________幸福　　带来________　　形容________

三、填写并朗读下列句子：
Fill in the blanks and read aloud the following sentences.

1. 中国有一些____________节日食品，如中秋节吃________；____________吃粽子；春节吃________________；____________吃元宵。

2. 中国是茶的________。茶是中国人生活中______________的一部分。中国人常喝____________________________________________。喝茶对身体有好处，而且还能给人们____________________________________。

3. 汉语里用______________来形容人生百味，而且很多词和吃有关。考试得了零分叫____________；____________汉语里说“吃香”。

四、讲述：中国饮食文化。（尽量选用下列词语）
Narrate: (Using as many of the following words and expressions as possible)

特色　比如/如　幸福　茶　乐趣　饮食文化　酸甜苦辣　吃鸭蛋　吃醋　吃香

说一说　中国饮食的特点。

## 留学记事
My China Story

读一读

我很喜欢吃，不过平时我不会吃得太饱。我愿意尝试各种各样的食物。刚到中国，我就决定马上尝一尝中国菜。刚来的时候，我不知道"辣"、"酸"、"油"、"蔬"这些汉字的意思。所以去餐厅吃饭，就只能看菜单上的照片。我也不知道是什么味道，就试着点了两个菜。以前总是认为好看的不会难吃，但是我错了。现在我已经知道好看的并不一定好吃。不过，只要知道几个汉字的意思，你就能比较顺利地点菜。

（俄罗斯　伊娜）

我来中国以前，只知道糖醋里脊（tángcùlǐji）和炸酱（zhájiàng）面。第一次来中国的时候，我吃了北京烤鸭和火锅，还吃了各种各样的地方菜。我最感兴趣的是中国各地菜的味道都不一样。比如说，四川菜很辣，广东菜很甜。我喜欢辣的菜、甜的菜，所以四川菜、广东菜我都喜欢。有些中国菜的名字里有蔬菜的名称和做法，比如红烧茄（qié）子，所以想吃中国菜，你一定要记住自己喜欢的菜的汉语说法。

（韩国　张秀恩）

## 练一练

**根据文章内容判断正误：**

Decide whether the statements below are true or false according to the text.

(　　) 1. 好看的菜不会难吃。

(　　) 2. 知道汉字的意思，点菜时会比较顺利。

(　　) 3. 中国有很多地方菜，而且各地的味道都不一样。

(　　) 4. 只看中国菜的名字，并不能知道这个菜的做法。

**写一写** 食在中国。

Easy Moment

## 轻松阅读 Reading for Fun

### 吃饺子

在纽约（Niǔyuē）的一家中国餐馆，我亲眼看见一位外国朋友吃水饺用的方式是“中餐西吃”。按西餐的习惯，先喝汤：他把一大碗青菜豆腐(dòufu)蛋花汤先喝完，接着拿起他的刀叉(chā)：先用刀将每一个饺子切(qiē)开，使肉馅(ròuxiàn)和饺子皮分开，然后吃一口饺子皮，再吃一口馅儿……慢慢品尝(pǐncháng)，吃得津(jīn)津有味。他有时还向我笑一笑。于是，我走过去问他：“好吃吗？”他用不太流利的中国话回答说：“如果能再加上一点儿果酱(jiàng)和奶油，那会更加OK。”

**关键词：** 中餐 西餐 中餐西吃

**答一答** 什么是中餐西吃？你可以介绍一个类似的例子吗？

## 实用阅读
Everyday Chinese

**菜单**

滋补靓粥、精美凉菜

**冰粥** Ice atheroacleroisis

| | |
|---|---|
| 花式果粒冰粥 | 9元 |
| 荷叶绿豆冰粥 | 8元 |
| 酸甜乌梅冰粥 | 8元 |
| 香甜芒果冰粥 | 12元 |

**甜粥** Sweet porridge

| | |
|---|---|
| 一品粥 | 6元 |
| 南瓜百合粥 | 8元 |
| 百合莲子绿豆粥 | 8元 |
| 酸梅百合粥 | 8元 |
| 松仁黑芝麻粥 | 9元 |
| 甘薯粥 | 7元 |
| 桂花百合粥 | 8元 |
| 绿豆粥 | 6元 |
| 八宝粥 | 9元 |
| 红豆薏米养肤粥 | 9元 |

**咸粥** Salty porridge

| | |
|---|---|
| 紫菜鱼片粥 | 9元 |
| 猪肝菠菜粥 | 9元 |
| 时蔬山珍粥 | 12元 |
| 丝瓜绿茶粥 | 7元 |
| 鲍鱼三丝粥 | 16元 |
| 芦笋香菇粥 | 9元 |
| 香芹肉碎粥 | 8元 |
| 皮蛋瘦肉粥 | 7元 |
| 生滚鱼片粥 | 9元 |
| 鲍鱼虾球粥 | 25元 |
| 乌鸡核桃粥 | 13元 |
| 青叶虾仁粥 | 13元 |

**咸粥** Salty porridge

| | |
|---|---|
| 菠菜虾皮粥 | 6元 |
| 山药鸡茸粥 | 9元 |
| 田园蔬菜粥 | 7元 |

**精美凉菜** Cold Dishes

| | |
|---|---|
| 五香牛肉 | 22元 |
| 蓝莓山药 | 13元 |
| 农家香烤笋 | 12元 |
| 干烟香菇 | 13元 |
| 老醋花生 | 8元 |
| 炝拌木耳 | 9元 |
| 什锦大拌菜 | 15元 |
| 黑胡椒焗草鸭 | 18元 |
| 三丝拉皮 | 12元 |
| 香卤豆干 | 8元 |
| 翡翠鲜桃仁 | 18元 |
| 酥香海带丝 | 9元 |
| 泡椒凤爪 | 15元 |
| 清口凉瓜 | 9元 |
| 酱茸青菜钵 | 12元 |
| 陈香鸭脯 | 18元 |
| 甘蓝脆豆腐 | 9元 |
| 爽口紫笋丝 | 8元 |
| 榨菜肉松嫩豆腐 | 9元 |
| 萝卜干毛豆 | 6元 |
| 烧椒皮蛋 | 8元 |
| 五香驴肉 | 20元 |
| 五香豆腐丝 | 8元 |
| 雪菜黄豆 | 2元 |
| 绍兴醉鱼 | 18元 |
| 酱香肘花 | 20元 |

**精美凉菜** Cold Dishes

| | |
|---|---|
| 川味口水鸡 | 16元 |
| 蟹头菜心 | 13元 |
| 四喜烤麸 | 12元 |
| 酸辣蕨根粉 | 9元 |
| 翠玉黄瓜 | 9元 |
| 嘉和拌菜 | 9元 |
| 西芹腐竹拌木耳 | 8元 |
| 四川泡菜 | 6元 |
| 一品小菜 | 2元 |

**精美小炒** Dinner Dishes

| | |
|---|---|
| 松香脆皮鸡 | 23元 |
| 小黄鱼炖豆腐 | 16元 |
| 海带味噌炖豆腐 | 18元 |
| 番茄牛腩 | 22元 |
| 极品带鱼 | 26元 |
| 丝瓜面筋烩小鲜 | 26元 |
| 排骨炖豆角 | 18元 |
| 乐梭鸡柳 | 22元 |
| 农家小炒肉 | 20元 |
| 荷塘小炒 | 15元 |
| 海味嫩豆腐 | 15元 |
| 杭椒牛柳 | 23元 |
| 干烧大黄鱼 | 28元 |
| 腰果鲜虾肉 | 29元 |
| 苗岭黑三剁 | 16元 |
| 风沙蒜香鸡翅中 | 22元 |
| 咕噜明虾球 | 32元 |
| 徽式小炒 | 18元 |
| 宫爆白灵菇 | 18元 |
| 泰皇猪肚菇 | 22元 |

**精美小炒** Dinner Dishes

| | |
|---|---|
| 鸡蛋炒木耳 | 12元 |
| 双耳素烩 | 22元 |
| 巧手水晶粉 | 15元 |
| 鱼香茄子煲 | 16元 |
| 虾酱窝头 | 16元 |
| 原鸡汁鲜菌煲 | 26元 |
| 鲜藤肉酱小白菜 | 18元 |
| 榄菜肉碎四季豆 | 14元 |
| 小炒鸡腿肉 | 21元 |
| 鸡汤栗子白菜 | 15元 |
| 风味茄丁 | 15元 |
| 豌豆尖(炝炒/蒜蓉/清炒) | 18元 |
| 芥兰(白灼/清炒/蒜蓉) | 16元 |
| 油麦菜(白灼/清炒/蒜蓉) | 12元 |
| 菠萝百合炒凉瓜 | 18元 |
| 风味小丸子 | 18元 |
| 炝炒圆白菜 | 12元 |
| 三杯鸡 | 23元 |
| 西兰花(清炒/蒜蓉) | 16元 |
| 风味小土豆 | 19元 |
| 烧素斋 | 15元 |
| 芥兰扒牛柳 | 23元 |
| 荷叶饼夹肉碎 | 18元 |
| 鲜百合芥兰炒牛柳 | 23元 |
| 鲜豌豆牛肉粒 | 21元 |

**广点** Steam snacks

| | |
|---|---|
| 豉汁蒸排骨 | 8元 |
| 紫金豉汁蒸凤爪 | 8元 |
| 公主奶皇包 | 8元 |
| 广式五香肉粽 | 10元 |

煲仔蒸品、广式茶点、面点小吃

**广点** Steam snacks

| | |
|---|---|
| 干蒸蟹黄烧卖 | 9元 |
| 嘉和鲜虾饺 | 13元 |
| 松香马米糕 | 8元 |
| 香浓酱肉包 | 9元 |
| 芙蓉煎鱼饼 | 9元 |
| 三鲜蒸饺(三鲜煎饺) | 10元 |
| 岭南蛋挞 | 9元 |
| 红豆煎年糕 | 6元 |
| 蚝油叉烧包 | 9元 |
| 上海灌汤包 | 9元 |
| 飘香榴莲酥 | 9元 |

**面点小吃** Snacks

| | |
|---|---|
| 鸡蛋韭菜锅贴 | 12元 |
| 猪肉大葱锅贴 | 12元 |
| 猪肉白菜锅贴 | 12元 |
| 香煎夹心豆皮 | 9元 |
| 奶香棉花包 | 8元 |
| 素菜包 | 8元 |
| 葱花饼 | 5元 |
| 猪肉馅饼 | 8元 |
| 牛肉馅饼 | 8元 |
| 糊塌子 | 6元 |
| 香甜玉米饼 | 8元 |
| 豌豆黄 | 6元 |
| 南瓜发糕 | 6元 |
| 干炒牛河 | 15元 |
| 扁豆焖面 | 10元 |
| 香米饭 | 2元 |

### 试一试
尝试一些没有吃过的中国菜。

### 学一学
天下无难事，只怕有心人。

Nothing is difficult in the world if you put your heart into it.

# 14

## 阅读中国 Reading China

### 想一想

- 你经常听到中国人说“随便”吗？
- 汉语里的“随便”是什么意思？
- 中国人为什么爱说“随便”？

### 读一读

## “随便”

中国人在被问到意见时，常常会回答“随便”。比如说，去别人家做客，主人问“喝点儿什么”？回答说“随便”。大家一起去吃饭，有人问“今天吃什么”？有人答“随便”。

有西方人说，他们和中国人交往，最怕听到的，就是有些人常说的这两个字——“随便”。这让他们不知道怎么办好。中国人认为不应该过分强调自我，而且有时出于礼貌，不明确表达自己的意见。但在外国人看来，这种思维(sīwéi)方式让人很难理解，他们不明白中国人的真实想法。

有一个中国代表团去美国访问，最后一天美国人安排游览。可以去的地方很多，可是因为时间太短，只能去一个地方。于是美国人问中国代表团的意见。团长回答说：“随便，去哪儿都行。”因为问不出结果，这位美国人只好自己决定了。其实，遇到上面的情况，你不用为难。你可以半开玩笑地说：“对不起，我们这儿没有一个地方叫‘随便’，还是请你决定一个地方吧。”

## 生词

1. 意见 yìjiàn
   idea; view; opinion
2. 随便 suíbiàn
   anyhow; any
3. 做客 zuòkè
   be a guest
4. 交往 jiāowǎng
   association; contact; intercourse
5. 过分 guòfèn
   excessive; undue; over
6. 强调 qiángdiào
   stress; emphasize
7. 表达 biǎodá
   express
8. 真实 zhēnshí
   true; real; authentic
9. 访问 fǎngwèn
   visit; interview
10. 为难 wéinán
   to feel embarrassed
11. 玩笑 wánxiào
   joke

## 练一练

一、根据文章内容选择正确答案：
Choose the correct answer according to the passage.

1. 中国人常说“随便”是因为（　　　）。

A. 中国人喜欢随便　　B. 中国人没有意见
C. 中国人认为不应该过分强调自己　　D. 中国人不知道怎么办好

2. 外国人对中国人常说“随便”的看法是（　　　）。
A. 不明白“随便”的意思
B. 不理解中国人的思维方式，不明白中国人的真实想法
C. 听到中国人说“随便”后就自己做决定
D. 因为怕听到“随便”，所以不知道怎样和中国人交往

## 二、词语搭配：
Word collocation.

访问________　　________意见　　过分________　　强调________

表达________　　真实________

## 三、填写并朗读下列句子：
Fill in the blanks and read aloud the following sentences.

1. 中国人被问到意见时，常常回答________，这让很多西方人不知道________________。有时外国人因为问不出结果，所以只好________________。

2. 中国人认为不应该过分________________，有时不________________自己的意见。外国人很难理解这种________________，而且有时候他们不明白中国人的________________。

## 四、讲述：中国人喜欢说“随便”。（尽量选用下列词语）
Narrate: (Using as many of the following words and expressions as possible)

意见　随便　交往　过分　强调　表达　真实

**说一说**　你认为中国人为什么常常说“随便”？

## 留学记事
My China Story

### 读一读

中国人有时候不清楚地说"行"或"不行"。比如说，请中国人吃饭，他们不说什么时间就说"下次再说"。请第二次的时候又说"以后再说"。最后的结果是"回头再说"。这时我才发现这可能是中国人的习惯，如果真正同意，他们会和你约好具体时间。

（马来西亚　西尼）

很多时候中国人不喜欢直接说出自己的意见。比如说，上次我的中国朋友请我吃饭，分手的时候我说下次我会请她吃饭。可她说，"算了，不用。"我知道她没有什么不好的意思，但我心想：她真的不用？为什么？

我这个人总是不清楚别人心里的想法，所以她说什么我就相信什么。如果她嘴上说不用，但心里想的是别的，我怎么办呢？我已经了解了中国人的这种习惯，不过有的时候还是不明白中国人真正的意思。

我的朋友告诉我，中国人比较客气，如果第一次她说

"算了"，你可以试着约第二次，跟她说"别客气，我真的很高兴请你吃饭"。如果她还是说"算了"，那就算了吧。

（韩国 宋菲菲）

## 练一练

**根据文章内容判断正误：**

Decide whether the statements below are true or false according to the text.

（　　）1. 中国人不喜欢清楚地说"行"或"不行"。

（　　）2. 文章中的韩国同学不了解中国人不喜欢直接说出自己意见的习惯，而且不明白中国人的真正意思。

（　　）3. 中国人喜欢直接说出自己的意见。

（　　）4. "以后再说"是表示"行"。

## 写一写

我眼里的中国人。

Easy Moment

## 轻松阅读

Reading for Fun

一句话感想：

Put your reflections here.

## 实用阅读 Everyday Chinese

**在医院。**

**实用词语：**

咨询 zīxún
to inquire

挂号 guàhào
to register at a hospital

急诊 jízhěn
emergency case

门诊 ménzhěn
outpatient service

### 试一试

了解在中国看病的情况。

### 学一学

八九不离十
pretty close to.

# 15

## 阅读中国 Reading China

### 想一想

- 中国最重要的传统节日是什么？
- 中国人怎样过春节？

### 读一读

# 过　年

春节是中国最重要的传统节日，每到春节，家家户户都在门上贴“福”字。有人把“福”字倒过来贴，表示“幸福已到”、“福气已到”。

在中国人看来，春节是一家人团圆的重要日子。看看春节期间飞机、火车、汽车上回家过年的人，就能知道对中国人来说，春节多么重要。可以说，“春运”是中国独特的“风景”。

除了吃年夜饭、包饺子、放鞭炮、逛庙会，春节还有一个重要的内容就是拜年。大家相互问候，祝愿在新的一年里万事如意。拜年的方式有很多种，现代人多用短信拜年。

具有中国特色的春节，吸引了不少外国人。很多外国人特意留在中国过年，逛逛热闹的庙会。可以说，春节正在产生越来越大的世界影响：在2008年的中国农历新年，美国总统布什和英国首相布朗分别向全球华人拜年。可以说，春节在海外的影响越来越大了。

## 生词

1. 家家户户 jiājiā-hùhù
   each household
2. 团圆 tuányuán
   reunite
3. 风景 fēngjǐng
   scenery; landscape
4. 鞭炮 biānpào
   firecrackers
5. 庙会 miàohuì
   temple fair
6. 拜年 bàinián
   wish sb. a happy New Year
7. 相互 xiānghù
   mutual; reciprocal; each other
8. 祝愿 zhùyuàn
   wish
9. 万事如意 wànshì rúyì
   All the best.
10. 具有 jùyǒu
    possess; have; exist
11. 吸引 xīyǐn
    attract; draw; fascinate
12. 特意 tèyì
    to make a special effort to
13. 全球 quánqiú
    the whole world

## 练一练

一、根据文章内容选择正确答案：
Choose the correct answer according to the passage.

1. 关于春节，下面哪种说法不正确？（　　　）

A.每到春节，家家户户都把“福”字倒过来贴
B.春节是中国的传统节日
C.春节对中国人来说很重要
D.中国人认为春节是团圆的日子

2.下面哪个不是春节的主要内容？（　　）
A.吃年夜饭　　B.放鞭炮　　C.发短信　　D.逛庙会

3.外国人对春节的看法是（　　）。
A.春节已经成为国际性节日　　B.很多外国人愿意在中国过春节
C.外国人对春节没有太多的兴趣　　D.美国总统也过春节

## 二、词语搭配：
Word collocation.

家家________　　________团圆　　________鞭炮　　相互________

祝愿________　　________如意　　具有________　　吸引________

## 三、填写并朗读下列句子：
Fill in the blanks and read aloud the following sentences.

1.春节是中国的________________，也是一家人________的日子。每到春节，家家户户都在门上贴________。

2.春节的时候，除了________________、____________、____________，大家还要相互________，祝愿在新的一年里________________。

3.中国的春节吸引了________________，正在产生__________________________________，可以说，春节________________________。

## 四、讲述：春节（尽量选用下列词语）
Narrate: (Using as many of the following words and expressions as possible)

传统　贴“福”字　团圆　春运　年夜饭　鞭炮　庙会　拜年　祝愿　吸引

**说一说**　中国的传统节日。

## 留学记事
My China Story

### 读一读

法国最重要的节日是圣诞(Shèngdàn)节。人们一般提前一个星期准备，家里人一起装饰(zhuāngshì)圣诞树；布置(bùzhì)每一个房间；做传统的菜……大家都很兴奋。

12月24日晚上，家里人一起吃好吃的菜。孩子们吃他们特别喜欢的巧克力，我们一边吃饭一边唱歌。因为这个时候电视里会有一些特别的节目，所以大家也会看电视。到夜里十二点，孩子们把他们的鞋放在圣诞树下。虽然他们不想睡觉，但是不得不回自己的房间。因为他们都知道圣诞老人要在他们的鞋的旁边放好多礼物，可是孩子们不能看到圣诞老人。

第二天早上起床后，孩子们飞快地去看有没有礼物。他们很开心地发现今年圣诞老人没有忘记他们。孩子打开礼物的时候，父母高兴地拍照。然后大家一起准备传统的法国菜，互相祝愿圣诞快乐。

法国人都喜欢这个节日，圣诞期间大家都高高兴兴地看望家人，而且圣诞节时每个人都爱帮助别人。法国人认为圣诞节是一个代表爱的节日。

在中国，也有不少人过圣诞节。特别是年轻人比较重视这个节日，在这一天，他们会与朋友相聚（xiāngjù），互相祝福（zhùfú）节日快乐。

（法国 美琳）

## 练一练

**根据文章内容判断正误：**

Decide whether the statements below are true or false according to the text.

（ ）1. 圣诞节前，法国人会装饰圣诞树、布置房间。

（ ）2. 圣诞节的前一个晚上，孩子们都不回房间睡觉，等着圣诞老人给他们送礼物。

（ ）3. 12月24日晚上，家里人一起吃饭、唱歌、看电视。

（ ）4. 圣诞老人经常忘了给孩子们送礼物。

（ ）5. 圣诞节时法国人要看望家人。

## 写一写

**你们国家的传统节日。**

轻松阅读 Easy Moment
Reading for Fun

## 老外评老外

刚到美国时，几个中国同学请我到一家中餐馆吃饭。

小王看到旁边几个美国人在用筷子，就说："现在会用筷子的老外越来越多了！"

小刘接着说："那些老外不但会用筷子，还会点菜呢。他们再也不是只会要饺子、春卷(juǎn)了。"

小张正要开口，只见旁边一个已经吃饱(bǎo)喝足的老外慢慢地走到我们桌前来，用他那非常标准的北京话说："请你们搞(gǎo)清楚，在这里，你们才是老外。"

**关键词：**老外

**答一答** 说说你对"老外"这个词的理解。

## 实用阅读
Everyday Chinese

### 福字、春联

**注释：**

春节的时候，很多人在门上贴对联(duìlián)或"福"字，有些人把"福"字倒过来贴。因为"倒"和"到"的发音相同，"福倒了"表示"幸福已经到了"。

**试一试**

掌握几句吉祥语。

**学一学**

新春大吉！
Wish good fortune in the New Year！

# 16

## 阅读中国
Reading China

### 想一想

- 中国人穿衣有什么特点？
- 中国女性的代表性服装是什么？

### 读一读

## 旗　袍

旗袍最早是满族服装，而且男女都可以穿，只是女人穿的旗袍有装饰。满族人被称为“旗人”，满族人统治(tǒngzhì)中国后，他们穿的袍服就被称为“旗袍”。老式旗袍上下一体、宽大、线条平直。

中国古代服装，重视装饰图案(àn)而不强调人体曲线。中国传统一直不赞成女人显示(xiǎnshì)身体曲线。古代的美人，脸是主要的，身体曲线都藏在衣服里面。

在满族统治的近三百年里，满族和汉族妇女的服装相互影响，差距越来越小。最早穿旗袍的汉族妇女是上海的女学生，她们穿着蓝布旗袍走在街上，形成了一种时尚(shàng)。这时的旗袍不同于老式旗袍的宽大，已经开始合身。旗袍首先在上海流行，然后迅速流行全国，逐渐成为妇女的日常服装。

现代的旗袍受欧美服装的影响，已经完全不同于满族妇女的旗袍。旗袍作为中国妇女代表性的服装，很适合东方女性的身材，表现出中国女性的优雅（yōuyǎ）、温柔。

此外，旗袍也受到国外一些爱美女性的喜爱。不少留学生来到中国，都会做一件旗袍带回去。

## 生词

1. 旗袍 qípáo
   Chinese-style woman's dress; cheongsam
2. 服装 fúzhuāng
   clothing
3. 曲线 qūxiàn
   curve
4. 赞成 zànchéng
   approve of; agree with; endorse; favour
5. 藏 cáng
   to hide; to conceal
6. 差距 chājù
   gap or disparity
7. 流行 liúxíng
   popular
8. 迅速 xùnsù
   rapid; swift; speedy; quick
9. 适合 shìhé
   suit; fit
10. 温柔 wēnróu
    gentle and soft

## 练一练

一、根据文章内容选择正确答案：
Choose the correct answer according to the passage.

1. 满族旗袍（　　　）。
A. 只有女人穿　　B. 宽大、平直　　C. 强调人体曲线　　D. 合身

2. 现代的旗袍（　　　）。
A. 和满族妇女的旗袍差不多　　B. 适合所有女性的身材
C. 和欧美服装很像　　D. 能够表现出中国女性的温柔

二、词语搭配：
Word collocation.

赞成________　　差距________　　流行________　　迅速________

适合________

三、填写并朗读下列句子：
Fill in the blanks and read aloud the following sentences.

1. 旗袍最早是________________，老式旗袍________________________________________________。

2. 中国传统不赞成女人显示________________，所以古代服装重视________________，但不强调________________。

3. 旗袍最先在上海________，上海女学生穿着旗袍走在街上，________________________，然后迅速________________，逐渐成为妇女的________________________。这时的旗袍不再宽大，已经________________________________________。

4.旗袍很适合＿＿＿＿＿＿＿＿＿＿＿＿＿＿，它能够表现出中国女性的

＿＿＿＿＿＿＿＿＿＿。

四、讲述：旗袍（尽量选用下列词语）

Narrate: (Using as many of the following words and expressions as possible)

旗袍　服装　宽大　曲线　差距　时尚　流行　适合　温柔

说一说　中国人的穿衣特点。

## 留学记事 My China Story

读一读

旗袍是中国女性的代表性服装。很多外国人都喜欢中国的旗袍。有些留学生来中国以后会做一件旗袍带回去。我觉得中国女人穿旗袍很漂亮，可是外国人，特别是西方人穿上旗袍不太好看。我的很多外国朋友都有旗袍，但是她们穿没有中国人穿那么好看。我认为主要的原因是西方女人和中国女人的身材不一样。

（意大利　婷婷）

我刚来北京时有点儿吃惊，因为中国人，特别是年轻人穿的衣服不像我想象的那样。他们穿的跟美国年轻人没有太大区别。在美国，人们通常穿得很随便，可是上班就要穿得比较正式，不能穿短裤，不能露(lòu)出脚趾(jiǎozhǐ)。不过对学生的衣服没有太多要求，只要衣服上没有酒、毒品(dúpǐn)之类的图案就行。总的来说，美国人穿衣服讲究(jiǎngjiū)舒服、有个性。美国比较传统的衣服是西装和长裙。这一般在重要的日子穿，像婚礼、毕(bì)业典(diǎn)礼。那时大家显得比平时严肃(yánsù)，但看起来很帅(shuài)、很美丽。

（美籍华人 丁丁）

## 练一练

**根据文章内容判断正误：**

Decide whether the statements below are true or false according to the text.

（　　）1. 很多西方人穿旗袍不好看是因为西方女人和中国女人脸长得不一样。

（　　）2. 中国年轻人穿的衣服跟美国年轻人区别不大。

（　　）3. 美国人穿衣服很随便，讲究舒服。

（　　）4. 美国的学生不能穿短裤上课。

（　　）5. 毕业典礼的时候美国人会穿西装或长裙。

**写一写** 介绍你们国家的穿衣特点。

# Easy Moment 轻松阅读 Reading for Fun

**注释：**

蛇本来没有脚，给它画上脚就不是蛇了。这说明，有时做了多余的事，不但没有好处，而且会使事情变坏。第一个画完蛇的人因为“画蛇添足”而没有喝到酒。

**一句话感想：**

Put your reflections here.

## 实用阅读
Everyday Chinese

### 火车时刻表

**北京站始发列车时刻表及票价表**

| 车次 | 开点 | 到站 | 到点 | 硬座 | 硬卧 | 软卧 |
|---|---|---|---|---|---|---|
| 2177 | 0:46 | 大同 | 当日 7:03 | 28 | — | — |
| 2179 | 4:51 | 沈阳北 | 当日 14:14 | 51 | — | — |
| 4411 | 4:52 | 天津 | 当日 6:55 | 11 | — | — |
| 4431 | 6:01 | 唐山 | 当日 9:13 | 20 | — | — |
| L819 | 6:10 | 杨村 | 当日 8:41 | 7 | — | — |
| L811 | 6:20 | 怀柔北 | 当日 8:21 | 4.5 | — | — |
| N211 | 7:16 | 承德 | 当日 11:15 | 41 | 软座 61 | |
| T509 | 7:30 | 秦皇岛 | 当日 10:28 | 一等 65 | 二等 55 | |
| K3/K23 | 7:40 | 二连 | 当日 20:39 | 64 | 131 | 202 |
| T71 | 8:30 | 哈尔滨 | 当日 20:14 | 154 | 281 | 429 |
| T531 | 8:35 | 天津 | 当日 9:54 | 34 | 软座 40 | |
| 4405 | 9:00 | 天津 | 当日 10:57 | 19 | 软座 31 | |
| T533 | 9:20 | 天津 | 当日 10:39 | 30 | 软座 40 | |
| L821 | 9:30 | 密云 | 当日 11:37 | 4.5 | — | — |
| 4419 | 9:40 | 唐山 | 当日 13:49 | 20 | 软座 33 | |
| T11 | 10:00 | 沈阳北 | 当日 19:06 | 116 | 软座 184 | |
| K45 | 10:08 | 福州 | 次日 20:10 | 253 | 458 | 705 |
| T535 | 10:20 | 天津 | 当日 11:39 | 30 | 软座 40 | |
| L809 | 10:25 | 昌平 | 当日 11:30 | 4.5 | — | — |
| 1301 | 10:30 | 满洲里 | 次日 17:18 | 197 | 380 | 599 |
| T537 | 11:30 | 天津 | 当日 12:44 | 25 | 软座 35 | |
| 2589 | 11:40 | 锦州 | 当日 17:58 | 64 | 128 | 196 |
| K43 | 11:40 | 兰州/嘉峪关 | 次日 14:57/20:36 | 193/229 | 353/417 | 543/641 |
| 4495 | 13:00 | 秦皇岛 | 当日 17:52 | 22 | — | — |
| T539 | 13:00 | 天津 | 当日 14:19 | 30 | 软座 40 | |
| 1477 | 13:11 | 镇江 | 次日 7:16 | 136 | 263 | 411 |
| 2251 | 13:22 | 丹东 | 次日 12:08 | 73 | 159 | 254 |
| T35 | 13:30 | 济南 | 当日 18:00 | 73 | 137 | 205 |

**实用词语：**

硬座 yìngzuò
hard seat

软座 ruǎnzuò
soft seat

硬卧 yìngwò
hard berth

软卧 ruǎnwò
soft berth

### 试一试

选择又方便又便宜的线路旅行。

### 学一学

三人行必有我师。
Of the two persons walking with me, at least one can be my teacher.

# 17

## 阅读中国 Reading China

**想一想**

- 中国人过春节时为什么吃鱼？
- 中国人对数字有什么喜好？
- 中国人喜欢什么颜色？

**读一读**

### 年年有余

中国人过春节时，餐桌上少不了“鱼”，因为“鱼”和“余”的发音一样，“年年有鱼”就是“年年有余”。像这样的例子，汉语里有很多。比如，给人送礼物，特别是给老年人，最好不要送钟。因为“送钟”会让人想到“送终”，“送终”的意思是照顾快要死去的长辈（zhǎngbèi）。

汉语里有“好事成双”的说法，中国人喜欢双数，所以有四合院，所以中餐里有“四喜丸子”。而且很多中国人结婚时都会选双数日子，送礼物的时候也是送双数比较好，比如两瓶酒、两盒茶叶。而有些国家，像日本人、俄罗斯人喜欢单数。

除了数字，不同国家对颜色的喜好也不一样。你听说过“中国红”吗？中国人喜欢红色，红色代表喜庆、好运和热情。过年时很多中国人在门上贴红色的福字，结婚时要贴红色的双喜字。在中国，结婚、过年过节时一般不穿白色和黑色。

## 生词

1. 发音 fāyīn
   pronounce
2. 例子 lìzi
   example; instance
3. 好事成双 hǎoshì chéng shuāng
   good things come in pairs
4. 双数 shuāngshù
   even number
5. 结婚 jiéhūn
   marry
6. 单数 dānshù
   odd number
7. 喜好 xǐhào
   like; be fond of
8. 好运 hǎoyùn
   good luck

## 练一练

一、根据文章内容选择正确答案：
Choose the correct answer according to the passage.

1.年年有余的意思是（　　　　）。
A.每年有都东西余下来，说明生活宽裕　　B.每年有很多钱

C.每年都有剩下的吃的　　　　D.每年都把东西剩下来

2.好事成双的意思是（　　　）。
A.好事都是两个　　　　B.同时有两件好事
C.双数的好事　　　　D.好事必须是两个

3.中国人喜欢红色是因为（　　　）。
A.中国流行中国红　　　　B.中国人过年贴红色的福字
C.中国人结婚贴红色的双喜字　　D.在中国，红色代表喜庆、好运

## 二、词语搭配：
Word collocation.

代表________　　________例子　　________成双　　选________

## 三、填写并朗读下列句子：
Fill in the blanks and read aloud the following sentences.

1.中国人过年吃鱼是因为“鱼”和“余”________________，“年年有鱼”就是________________。给老人送礼注意不要送_____。

2.汉语里有________________________的说法，中国人喜欢________，结婚时会选______________，而日本人喜欢________。

3.在中国，红色代表______________________。结婚的时候，人们要贴________________________。

## 四、讲述：中国人对数字和颜色的喜好。（尽量选用下列词语）
Narrate: (Using as many of the following words and expressions as possible)

好事成双　双数　单数　送礼　中国红　红色　好运

**说一说**　中国人的喜好。

## 留学记事
My China Story

### 读一读

在法国，人们没有中国人那么迷(mí)信，但是有一些情况也要注意。比如说如果你把面包翻(fān)过来，父母或者客人肯定会告诉你这样不吉(jí)利；还有，如果你走路的时候，不小心走到梯(tī)子下面，这样也不吉利……这些都是从传统来的，以前在生活中很重要，不过现在的年轻人已经不太了解这些情况了，但是有些人一直很相信这些。

（法国 吴敌）

中国人对数字有特别的喜好，法国人也一样。在餐厅或在家里吃饭，如果有13个人一起吃，大家觉得这不太吉利。因为耶稣(Yēsū)最后的晚餐是13个人一起吃的。另外，如果在路上看到黑猫，有一些人也会认为不吉利。

（法国 亚历山大）

在印度，你走在路上的时候，如果一只猫在你面前经过，或者有人在背后叫你，然后你回头看了他，那么，你要做的事可能都做不好。

（印度 古道）

## 练一练

**根据文章内容判断正误：**

Decide whether the statements below are true or false according to the text.

(　　) 1.法国人比中国人迷信。

(　　) 2.在法国，把面包翻过来或走到梯子下都不吉利。

(　　) 3.法国人不愿意13个人一起吃饭。

(　　) 4.印度和法国差不多，走在路上看到猫在面前经过都不是好事。

(　　) 5.在印度，别人叫你，你不要回头。

## 写一写

各国人的喜好。

Easy Moment

轻松阅读

Reading for Fun

## 学中文

中文教师："中文的'好'字有这样的用法：好容易的意思是很不容易；好不辛苦，其实是很辛苦；好不痛快，就是很痛快。懂了没有？"

外国学生："好懂。"

**关键词：** 好　好不

答一答

1. 外国学生说的"好懂"是什么意思？
2. 说说"好"和"好不"的用法。

## 实用阅读
Everyday Chinese

**红双喜。**

### 试一试

1. 观察中国人生活中的喜好。
2. 找出说明中国人喜欢红色和双数的表现。

### 学一学

百闻不如一见
One eyewitness is better than ten hearsays.

# 18

阅读中国
Reading China

**想一想**

- 中国和你们国家有哪些交流？
- 你们国家在衣食住行方面，有哪些受到其他国家文化的影响？

**读一读**

## 跨文化交流

在全球化的今天，世界好像变成了一个地球村。不同国家、民族之间的交流越来越多，人们之间的联系也越来越方便。早期西方人从《马可·波罗(Bōluó)游记》了解中国。近代意大利人利玛窦(Lìmǎdòu)在向中国介绍西方科学知识的同时，也向西方介绍了中国。

一直以来，中国与世界各国的交流十分密切，在衣食住行各个方面都互相影响。日本的和服是受中国唐代服装的影响而形成的；饺子是中国人喜爱的食品，现在在世界很多地方都能吃到饺子；北京的圆明园被称为“万园之园”，它的设计吸收了法国、意大利和东方园林的特征，应该说，圆明园是东西文化交流的成果。

20世纪80年代以后，来中国学习、工作的人逐年增加。他们好像文化的使者(zhě)，带来本国文化的同时，也把中国文化带回了自己的国家。现代中国人的思想和生活方式受其他国家的影响，已经发生了不小的变化。随着跨文化交流的增多，人们的思想和生活习惯也许会发生更大的变化。

## 生词

1. 地球 dìqiú
   the earth; the globe
2. 联系 liánxì
   contact; tie; connection
3. 密切 mìqiè
   close; intimate
4. 设计 shèjì
   design; plan; scheme
5. 特征 tèzhēng
   outstanding feature; striking characteristic
6. 其他 qítā
   other
7. 跨文化 kuà wénhuà
   cross culture
8. 增多 zēngduō
   increase

## 练一练

一、根据文章内容选择正确答案：
Choose the correct answer according to the passage.

1. 通过什么方法可以了解中国？(　　　)
   A. 看利玛窦的介绍　　B. 读《马可·波罗游记》
   C. 听来中国学习工作的外国人的介绍　　D. 以上三项都可以

2.下面哪一项是东西文化交流的成果？（　　　）
A.中国的服装对日本影响很大　　B.“万园之园”圆明园
C.来中国学习工作的外国人　　D.人们的思想和生活方式

## 二、词语搭配：
Word collocation.

联系________　　________密切　　设计________　　________增多

其他________　　________变化

## 三、填写并朗读下列句子：
Fill in the blanks and read aloud the following sentences.

1.在全球化的今天，世界好像成了____________。不同国家、民族之间______________________________，____________________________也越来越方便。

2.中国和世界各国的交流________________，在衣食住行各个方面都________________。

3.来中国学习工作的外国人好像____________________，带来__________________的同时，也把中国文化________________________________。

4.现代中国人的思想方式______________________________，发生了不小的变化。随着________________________________________，________________________________________可能会发生更大的变化。

## 四、讲述：中国与世界的交流。（尽量选用下列词语）
Narrate: (Using as many of the following words and expressions as possible)

全球化　交流　联系　密切　影响　唐代服装　设计　思想　生活方式　增多　跨文化

**说一说**　不同国家之间的相互影响。

# 留学记事
## My China Story

### 读一读

上个学期我们班有好多来自不同国家的学生。有一个美国同学，他上课的时候常常咳嗽。不过有意思的是，他每次咳嗽以前都先说“I’m sorry”，然后再咳嗽。可能他觉得有点儿不好意思，但是我认为他不用对同学们说对不起，因为上课的时候谁都有可能咳嗽。这大概是美国和韩国不一样的习惯。

（韩国　姜东柱）

我来中国以后跟很多中国人成了朋友，有时跟他们一起吃饭，一起去玩儿。但约定的时候偶尔（ǒu'ěr）会发生矛盾（máodùn）。按照日本人的习惯，只有把日子、时间、地点说清楚，才算约好。“下次一起吃饭吧”、“以后常联系吧”这种话不是真正的约定而是一种寒暄（hánxuān），但是有的中国人却认为已经约好了。这种时候，我发现我跟他们的想法不一样。不过我不是不能理解，只是还没习惯。在中国生活，有时候会有“我还是外国人”的感觉。可是既然（jìrán）我在中国，就应该慢慢习惯中国的生活和中国人的想法。所以不想一起吃饭，不想和对方联系的时候，我不会再说“下次一起吃饭吧”、“以后常联系吧”这样的话了。

（日本　森田）

## 练一练

**根据文章内容判断正误：**

Decide whether the statements below are true or false according to the text.

（　　）1.有一个美国同学上课时咳嗽以前会对同学们说“对不起”。

（　　）2.日本人认为，如果说“下次一起吃饭吧”，就表示已经约好了。

（　　）3.对于约定，中国人和日本人的想法差不多。

（　　）4.在中国生活，应该慢慢习惯中国人的想法。

## 写一写

**跨文化交际感想。**

Easy Moment

## 轻松阅读

Reading for Fun

**一句话感想：**

Put your reflections here.

## 实用阅读
Everyday Chinese

### 旅游广告

#### 试一试

制定旅游方案。

#### 学一学

入乡随俗

When in Rome, do as the Romans do.

# 词汇表

B
拜年（15）
比如（13）
鞭炮（15）
表达（14）
表现（7）

C
猜（2）
藏（16）
差距（16）
产生（10）
超过（12）
称（1）
成功（8）
成语（9）
传说（9）
传统（4）
创造（9）

D
大概（2）
代表（8）
带来（13）
单数（17）
登（6）
地球（18）
调查（2）
定（4）
对方（7）

F
发表（12）
发达（4）
发生（11）
发音（17）
发展（10）
方式（4）
访问（14）
丰富多彩（4）
风景（15）
夫妻（5）
服装（16）
复杂（1）

G
感觉（3）
根据（2）
共同（5）
贡献（4）
购物（12）
古老（2）
故乡（13）
逛（11）
过程（10）
过分（14）

H
好事成双（17）
好运（17）

J
吉祥（9）
计划（3）
记录（2）
加入（11）
家家户户（15）
家长（5）
建立（4）
健身（12）
交际（10）
交流（10）
交往（14）
教育（8）
结婚（17）
仅次于（12）
经历（4）
惊奇（11）
惊叹（6）
距离（1）
据说（6）
具有（15）

K
跨文化（18）

L
乐趣（13）
礼貌（7）
理想（5）
例子（17）
联系（18）
流行（16）
龙（9）
旅游（12）

M
密切（18）
庙会（15）
民族（1）
明确（7）
目标（8）

O
欧洲（1）

P
拼命（8）
普通（3）

# 练习答案

## 第一课

根据文章内容选择正确答案

1. A　2. D　3. B　4. C

根据文章内容判断正误

1. ×　2. √　3. √　4. √

## 第二课

根据文章内容选择正确答案

1. C　2. B　3. C

根据文章内容判断正误

1. ×　2. √　3. √　4. ×　5. √
6. √

## 第三课

根据文章内容选择正确答案

1. D　2. B　3. A

根据文章内容判断正误

1. √　2. ×　3. ×　4. ×

## 第四课

根据文章内容选择正确答案

1. A　2. C　3. D

根据文章内容判断正误

1. ×　2. ×　3. √　4. √　5. ×

## 第五课

根据文章内容选择正确答案

1. B　2. D　3. D

根据文章内容判断正误

1. √　2. √　3. ×　4. √　5. ×
6. ×

## 第六课

根据文章内容选择正确答案

1. B　2. C　3. B

根据文章内容判断正误

1. √　2. √　3. ×　4. √　5. ×
6. √　7. ×

## 第七课

根据文章内容选择正确答案

1. C　2. C

根据文章内容判断正误

1. ×　2. √　3. ×　4. √　5. ×

## 第八课

根据文章内容选择正确答案

1. C　2. D　3. B

根据文章内容判断正误

1. ×　2. ×　3. √　4. √　5. √

## 第九课

根据文章内容选择正确答案

1. C　2. D　3. D

根据文章内容判断正误

1. √　2. √　3. ×　4. √　5. ×

6×

## 第十课

根据文章内容选择正确答案

1. B　2. D　3. C

根据文章内容判断正误

1.×　2. √　3.×　4. √　5. √

## 第十一课

根据文章内容选择正确答案

1. D　2. C

根据文章内容判断正误

1.×　2.×　3.×　4. √　5. √

## 第十二课

根据文章内容选择正确答案

1. C　2. C　3. D

根据文章内容判断正误

1. √　2.×　3.×　4. √　5.×

## 第十三课

根据文章内容选择正确答案

1. D　2. A　3. D

根据文章内容判断正误

1.×　2. √　3. √　4.×

## 第十四课

根据文章内容选择正确答案

1. C　2. B

根据文章内容判断正误

1. √　2.×　3.×　4.×

## 第十五课

根据文章内容选择正确答案

1. A　2. C　3. B

根据文章内容判断正误

1. √　2.×　3. √　4.×　5. √

## 第十六课

根据文章内容选择正确答案

1. B　2. D

根据文章内容判断正误

1.×　2. √　3. √　4.×　5. √

## 第十七课

根据文章内容选择正确答案

1. A　2. B　3. D

根据文章内容判断正误

1.×　2. √　3. √　4. √　5.×

## 第十八课

根据文章内容选择正确答案

1. D　2. B

根据文章内容判断正误

1. √　2.×　3.×　4. √

## 附录 常用汉字表

| | | | | | | | | | | | | | | |
|---|---|---|---|---|---|---|---|---|---|---|---|---|---|---|
| 的 | 一 | 是 | 了 | 在 | 这 | 我 | 不 | 有 | 他 | 人 | 们 | 大 | 中 | 来 |
| 上 | 个 | 时 | 地 | 为 | 和 | 以 | 到 | 出 | 可 | 国 | 对 | 会 | 生 | 你 |
| 就 | 行 | 用 | 作 | 而 | 那 | 自 | 年 | 要 | 发 | 下 | 后 | 说 | 过 | 里 |
| 成 | 多 | 当 | 也 | 同 | 经 | 子 | 如 | 所 | 家 | 进 | 好 | 没 | 能 | 种 |
| 动 | 法 | 定 | 之 | 现 | 学 | 得 | 于 | 着 | 事 | 都 | 么 | 看 | 道 | 起 |
| 分 | 面 | 方 | 然 | 小 | 去 | 还 | 主 | 心 | 其 | 些 | 前 | 她 | 因 | 只 |
| 但 | 从 | 样 | 实 | 本 | 部 | 天 | 理 | 意 | 者 | 心 | 开 | 想 | 它 | 无 |
| 力 | 军 | 已 | 把 | 使 | 与 | 民 | 情 | 性 | 物 | 公 | 知 | 机 | 关 | 明 |
| 高 | 问 | 两 | 并 | 工 | 间 | 点 | 将 | 应 | 很 | 业 | 十 | 外 | 第 | 长 |
| 向 | 被 | 最 | 由 | 重 | 美 | 体 | 日 | 战 | 等 | 新 | 政 | 制 | 特 | 产 |
| 利 | 相 | 或 | 又 | 正 | 手 | 头 | 此 | 三 | 斯 | 全 | 文 | 见 | 二 | 月 |
| 果 | 身 | 什 | 己 | 给 | 加 | 西 | 信 | 常 | 老 | 海 | 位 | 通 | 门 | 声 |
| 合 | 员 | 教 | 度 | 及 | 化 | 代 | 内 | 提 | 世 | 儿 | 表 | 解 | 东 | 比 |
| 回 | 走 | 入 | 立 | 原 | 先 | 义 | 口 | 水 | 任 | 论 | 名 | 几 | 真 | 各 |
| 气 | 尔 | 太 | 认 | 反 | 才 | 条 | 系 | 处 | 女 | 平 | 四 | 目 | 安 | 更 |
| 打 | 电 | 报 | 件 | 数 | 题 | 何 | 感 | 别 | 少 | 量 | 变 | 再 | 受 | 务 |
| 必 | 活 | 做 | 计 | 总 | 神 | 市 | 场 | 结 | 克 | 建 | 接 | 至 | 直 | 许 |
| 保 | 管 | 决 | 期 | 指 | 社 | 资 | 空 | 德 | 却 | 便 | 完 | 治 | 科 | 马 |
| 区 | 队 | 眼 | 基 | 山 | 统 | 即 | 展 | 形 | 听 | 五 | 放 | 司 | 界 | 书 |
| 思 | 白 | 住 | 像 | 难 | 则 | 权 | 强 | 王 | 式 | 设 | 光 | 色 | 路 | |

## 中国历史年代表

| | | |
|---|---|---|
| 夏 | 约公元前21世纪–约公元前17世纪 | 公元前2000年 |
| 商 | 约公元前17世纪–公元前1046 | |
| 周 | 公元前1046–公元前256 | |
| ——西周 | 公元前1046–公元前771 | 公元前1000年 |
| ——东周 | 公元前770–公元前256 | |
| ——春秋 | 公元前722–公元前481 | |
| ——战国 | 公元前475–公元前221 | |
| 秦 | 公元前221–公元前206 | |
| 汉 | 公元前206–公元220 | |
| ——西汉 | 公元前206–公元25 | 公元年 |
| ——东汉 | 公元25–220 | |
| 三国 | 公元220–280 | |
| ——魏 | 公元220–265 | |
| ——蜀 | 公元221–263 | |
| ——吴 | 公元222–280 | |
| 晋 | 公元265–420 | 公元300年 |
| ——西晋 | 公元265–317 | |
| ——东晋 | 公元317–420 | |
| 十六国 | 公元304–439 | |
| 南北朝 | 公元420–589 | 公元500年 |
| ——北朝 | 公元386–581 | |
| ——南朝 | 公元420–589 | |

| | | |
|---|---|---|
| 隋 | 公元581–618 | |
| 唐 | 公元618–907 | 公元900年 |
| 五代 | 公元907–960 | |
| 宋 | 公元960–1279 | 公元1000年 |
| ——北宋 | 公元960–1127 | |
| ——南宋 | 公元1127–1279 | |
| 辽 | 公元907–1125 | |
| 西夏 | 公元1038–1227 | |
| 金 | 公元1115–1234 | |
| 元 | 公元1206–1368 | 公元1300年 |
| 明 | 公元1368–1644 | 公元1500年 |
| 清 | 公元1644–1911 | 公元1900年 |
| 中华民国 | 公元1912–1949 | |
| 中华人民共和国 | 1949年10月1日成立 | |

## 参考文献

1. http://www.showchina.org/zgjj/sylm/200701/t104951.htm（看中国网）
2. http://www.beelinkclub.com/dispbbs.asp?boardid=26&id=72071&page=1&star=1（百灵社区网）
3. http://www.wwjoke.cn/joke/joke15/joke15913.htm
4. http://www.chinaculture.org/gb/cn_index/node_843.htm（中国文化网）
5.张定远.外国小学生作文大观.河南：文心出版社，2004.

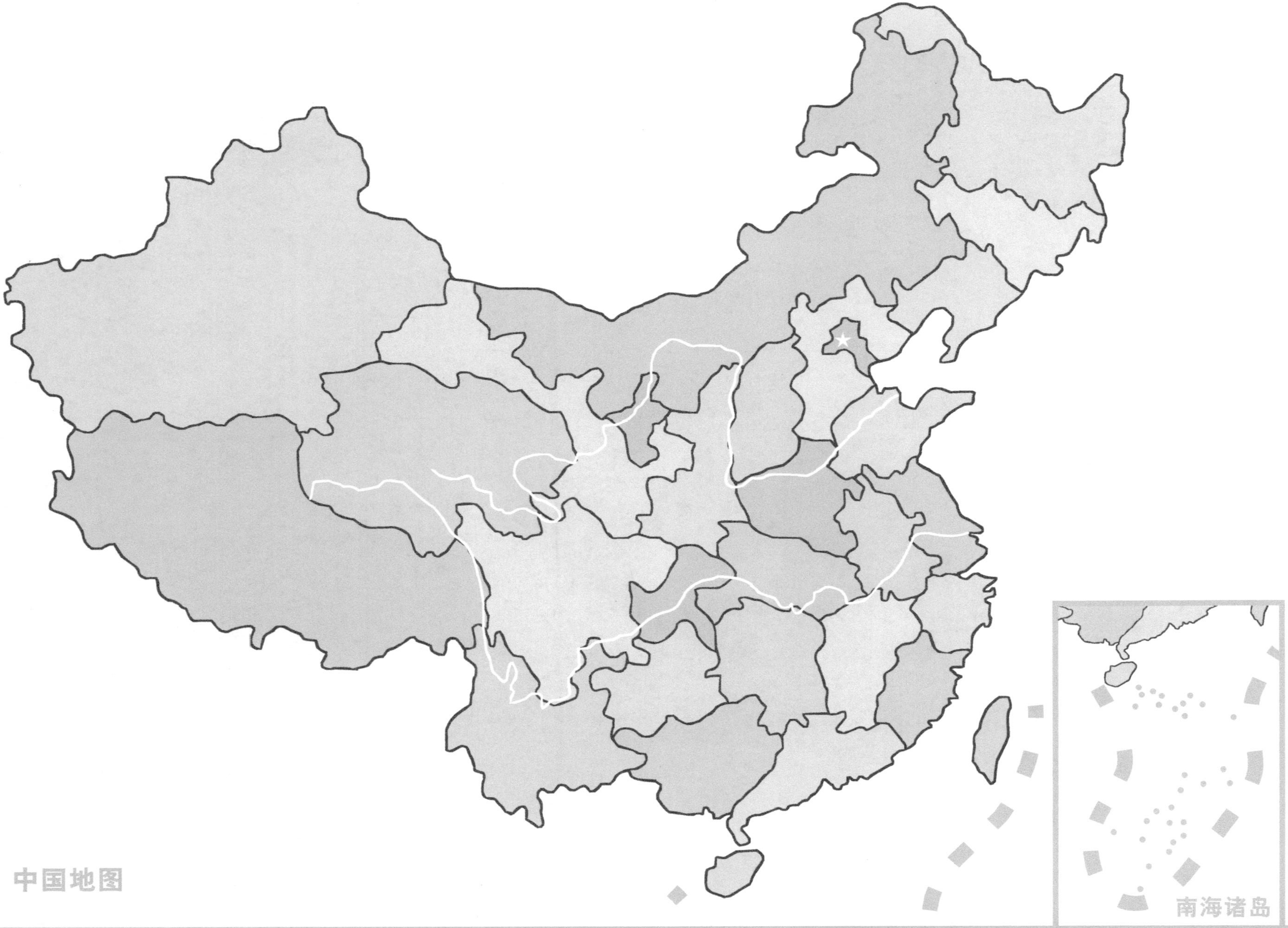


中国地图

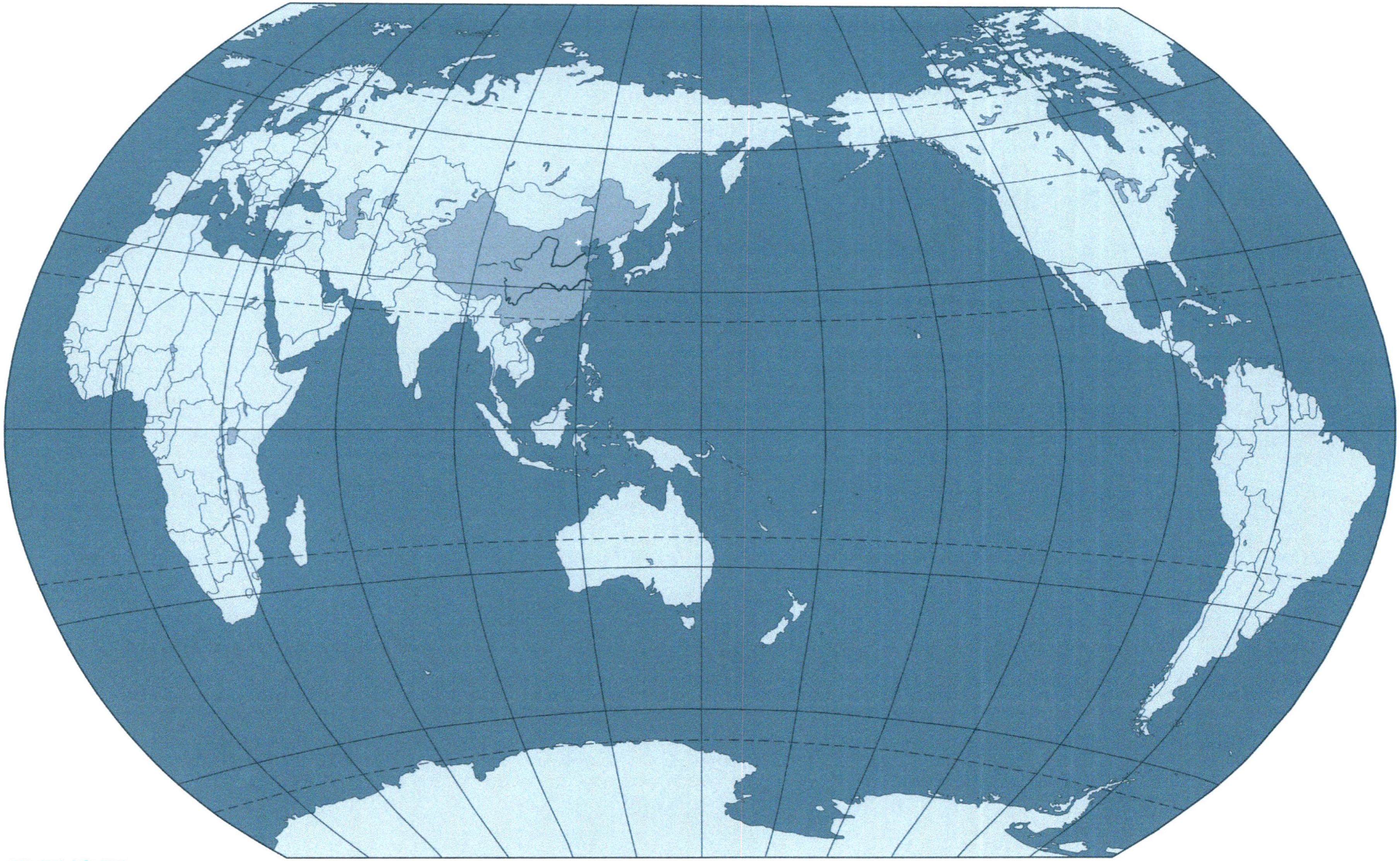

世界地图

# 图书推荐
# Recommendations

## 汉语分级阅读（共6册）
## Graded Chinese Reader —Selected Abridged Chinese Contemporary Short Stories （6 Volumes）

汉英 Chinese-English edition　　145×210mm

▶ **500 words**
ISBN 9787513803458
204pp, 0.30kg ¥39.00

▶ **1000 words**
ISBN 9787802004153
298pp 0.36kg ¥42.00

▶ **1500 words**
Will be published in Aug., 2013

▶ **2000 words**
ISBN 9787802003743
239pp 0.30kg，¥42.00

▶ **2500 words**
Will be published in Aug., 2013

▶ **3000 words**
ISBN 9787802003750，
257pp 0.32kg ¥42.00

精心选编中国当代作家的短篇小说，反映中国当代普通人生活，其中包括诺贝尔文学奖获得者莫言的作品；

参照《国际汉语教学通用课程大纲》及《新汉语水平(HSK)考试大纲》要求，全套书按词汇分为500、1000、1500、2000、2500、3000词，共6个等级。

配有插图和MP3格式光盘，并附赠拼音隐形卡，可根据所需隐藏拼音。

Graded Chinese Reader features abridged versions of short stories and novellas written by contemporary Chinese writers, including the Nobel Prize winner Mo Yan's, reflecting the everyday lives of ordinary Chinese people;

The series is divided into 6 grades based on the vocabulary used in *International Curriculum for Chinese Language Education* and *Chinese Proficiency Test (HSK) Syllabus*. Commonly used words appear in high frequency to form concise and short sentences with complete structure;

Accompanied by vivid illustrations and an MP3.

---

## 中国名著简读系列—围城
## The Besieged City

汉英 Chinese-English edition
▲ ISBN 9787802003903
145X210mm
196pp，¥38.00

## 中国名著简读系列—家，春，秋
## Abridged Chinese Classic Series — Family, Spring, Autumn

汉英 Chinese-English edition, by Ba Jin

**家**
Family
ISBN 9787802003910
145×210mm
152pp，¥39.00

**春**
Spring
ISBN 9787802003927
145×210mm
144pp，¥39.00

**秋**
Autumn
ISBN 9787802003934
145×210mm
200pp，¥42.00

## 中国名著简读系列 —中国古诗百首读
## 100 Ancient Chinese Poems

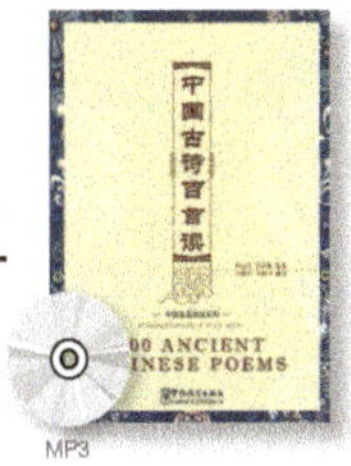


汉英 Chinese-English edition
▲ISBN 9787802003958
145×210mm
163pp，¥39.00

For more information, visit us at www.sinolingua.com.cn
**Email:** hyjx@sinolingua.com.cn　**Tel:** 0086-10-68320585，68997826
www.facebook.com/sinolingua　www.weibo.com/sinolinguavip

责任编辑：陆　瑜
英文编辑：韩芙芸
封面设计：St.Reach | 赵旭

**图书在版编目（CIP）数据**

中国那些事儿：汉英对照 / 李朝辉编著. —北京：华语教学出版社，2009
ISBN 978-7-80200-631-7

Ⅰ. 中… Ⅱ. 李… Ⅲ. ①英语－汉语－对照读物②中国－概况 Ⅳ. H319.4：K

中国版本图书馆CIP数据核字（2009）第113580号

中国那些事儿
李朝辉 编著
*

华语教学出版社有限责任公司出版
（中国北京百万庄大街24号 邮政编码100037）
电话：(86)10-68320585，68997826
传真：(86)10-68997826，68326333
网址：www.sinolingua.com.cn
电子信箱：hyjx@sinolingua.com.cn
新浪微博地址：http://weibo.com/sinolinguavip
北京京华虎彩印刷有限公司印刷
2009年（16开）第1版
2013年第1版第2次印刷
（汉英）
ISBN 978-7-80200-631-7
定价：69.00元